> ストーリーから学ぶ

交通事故の示談金を受け取るまで

弁護士
篠田恵里香〔編〕

弁護士法人
アディーレ法律事務所〔著〕

中央経済社

皆さん，はじめまして。ボクはダミー人形のダミーくんです！　ダミー人形とは，自動車の衝突実験で使用されている人体ダミーのこと。だから，ボクや家族はみんな，交通事故については詳しいんだ。

でもね，ボクたちもよく知らないことがあって。それは，交通事故に遭った後のこと。示談金はどうやって決まっているのだろう？

そこで，今回は僕の交通事故を題材に事故が発生した直後から示談金が確定するまでの流れやポイントを，篠田弁護士に教えてもらうことになったんだ。

皆さんも，ボクと一緒に交通事故に遭った際の正しい対応を勉強していこうね。

ダミーくん

篠田弁護士

●事故発生から示談成立までの流れ

交通事故発生 → 入院・通院による治療 → 症状固定または完治

- 後遺症が**残った**場合 → 後遺障害等級の申請
- 後遺症が**残らなかった**場合

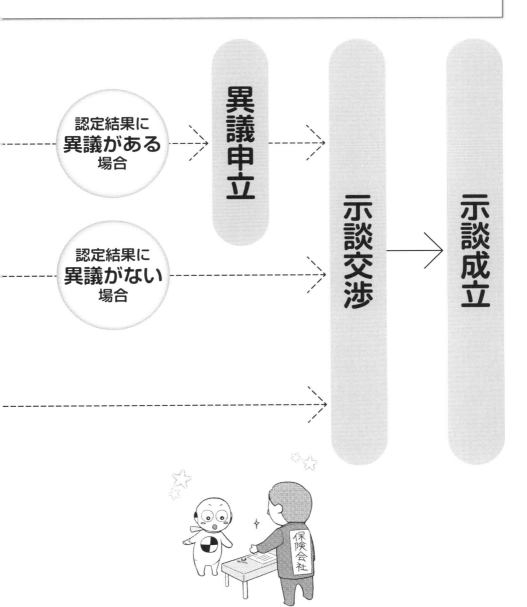

※上記は示談が成立する場合の流れです。示談が不成立となり、訴訟・ADRなどを行う場合もあります。

CONTENTS

事故発生から示談成立までの流れ……………………………………………… 2

第1章
ある日突然，交通事故の被害に遭ったら…

1　交通事故に巻き込まれたら，まずは……………………………………… 9
2　事故直後の対応，これは忘れないで！……………………………………11
　+1　交通事故証明書の入手方法　14
　+1　交通事故の心得〈加害者編〉　15

第2章
治療の始まりと終わり，後遺障害等級の申請

1　治療の前にまず知っておきたいこと………………………………………17
2　仕事を休んでも大丈夫？……………………………………………………27
3　症状固定ってどういう意味？………………………………………………28
4　痛みやしびれが残っていたら？……………………………………………30

　Column①　運転中にスマホはダメ。
　　　　　　でも，運転前や万が一の交通事故の際は便利！　35

　+1　後遺障害等級の気になる言葉「併合」，「相等」とは？　36
　+1　治療途中で病院を変更することはできる？　37

　Column②　道路の老朽化が深刻。
　　　　　　あなたが普段利用する道は大丈夫？　39

第3章
示談金のカラクリ！
知っておきたい交渉のポイント

1 任意保険会社から示談金が提示されたら………………………………… 41
2 知らないと損をする示談金のカラクリ…………………………………… 44
3 示談金のポイント①　治療費……………………………………………… 46
4 示談金のポイント②　休業損害…………………………………………… 48
5 示談金のポイント③　入通院慰謝料……………………………………… 54
6 示談金のポイント④　逸失利益…………………………………………… 57
7 示談金のポイント⑤　後遺障害慰謝料…………………………………… 62
8 示談金のポイント＋α　過失割合………………………………………… 64
9 示談で損をしないための"3つの心構え"………………………………… 68

Column③　自転車のルールとマナー，守らないと前科が付くかも！？　71

+1　交通事故で車が破損！　修理費用はどこまで請求できるか？　72
+1　被害者の方が亡くなった場合の示談金は？　74

Column④　交通事故の受刑者のみが収容される交通刑務所とは？　75

CONTENTS

第4章
事故被害者をフルサポートする頼れる味方

1　弁護士に依頼するとどんなメリットがある？ 76
2　弁護士費用の助け船 82
　+1　もしも，示談交渉で解決できず，裁判になったら？　85

第5章
交通事故で抱く疑問に弁護士が回答！

Q1　同意書にサインをしても大丈夫？ 86
Q2　診療報酬明細書は捨てて平気？ 87
Q3　タクシー代は請求できる？ 88
Q4　医師とのやり取りで大切なことは？ 90
Q5　MRI検査ってどういう検査？ 91
Q6　後遺障害診断書と診断書の違いは？ 92
Q7　お見舞金は受け取っても大丈夫？ 93
Q8　ケガの影響で会社を退職したら？ 97
Q9　服や時計も弁償してもらえる？ 97
Q10　任意保険会社から謝罪がない！ 98
Q11　少しでも早く示談金を受け取りたい！ 99
Q12　生命保険金と示談金の両方もらえる？ 100
Q13　示談金に税金はかかる？ 100

**第6章
示談成立　ダミーくんの示談金**

- 事例1　ダミーくんのおばあさん……………………………… 106
- 事例2　ダミーくんのお父さん………………………………… 107
- 事例3　ダミーくんの弟………………………………………… 108
- 事例4　ダミーくんの妹………………………………………… 109

おわりに………………………………………………………………… 111

第1章 ある日突然，交通事故の被害に遭ったら…

〜よく晴れたとある日曜日，乗用車を運転中〜

今日はダミミちゃんと念願の初デートでドライブ。楽しみだなぁ。プレゼントも用意したし，ディナーはイタリアンレストランを予約した。ダミミちゃん喜んでくれるといいなっ！

ダミミちゃんとの初デートの日を迎え，張り切っているダミーくん。購入して間もない自動車を運転し，ダミミちゃんとの待ち合わせ場所に向かっています。ところが，赤信号のため交差点で停止し，信号待ちをしていたところ，前方不注意の後方車が止まりきれずに…。

大丈夫ですか？　ケガは？

イタタタタタ（どうしよう，首のあたりと右手首がとても痛い。でも，ダミミちゃんとのデートに遅れちゃう。行かなくちゃ，行かなくちゃ）。だっ，大丈夫です。なっ，何かあったら後で連絡するので，連絡先だけ教えてください（スマホの連絡先を交換）。じゃあボクはこれで…。

① 交通事故に巻き込まれたら,まずは…

事故に遭ったら必ず警察に連絡を！

　大切なデートの前に交通事故に遭ってしまったダミーくん。大好きなダミミちゃんを待たせてはいけないと,すぐその場を立ち去ろうとしています。
　でも,ストップ！
　ダミーくんは,交通事故に遭った際にしてはいけない大きな間違いをしています。皆さんはどこが間違いかわかりますか？　答えは,
　"すぐにその場を立ち去ってはいけない"
ということです。大事なデートの前だろうと,どれだけ重要な用事があろうと,その場をすぐに立ち去ってはいけません。ダミーくんは,連絡先を交換していれば大丈夫と思ったかもしれません。
　しかし,後から痛みが強くなって病院に行き,その治療費を交通事故の加害者に請求しようと連絡をしても,加害者が電話に出なかったとしたら,どうすることもできませんよ。また,困って後日,警察に行っても,事故が発生した際に警察を呼んでいないため,交通事故に遭ったと証明することもできません。
　交通事故が起きると,被害者も加害者もパニックに陥ってしまいます。そして,誤った対応をし,後悔するようなことになってしまいかねません。そのような事態を避けるためにも,事故直後はきちんとした対応を取ることが大切です。
　そこでまずは,交通事故に巻き込まれた際の心得として,交通事故の現場で「してはいけないこと」,「しなければいけないこと」をお伝えすることから始めたいと思います。

交通事故の心得＜事故現場でこれはNG！＞

①金銭のやり取り（示談）

治療費などのお金を請求してはいけません。その場で取り決めを行い，紙にサインなどをしてしまうと，後から示談金を請求できないおそれがあります。

②すぐに立ち去らない

急な用事がある場合や，一見，ケガをしていない場合でも，すぐその場を立ち去ってはいけません。

③自分に不利な事情を隠さない

被害者も，スピード違反や運転中の携帯電話の使用などを行っている場合があり得ます。事故直後にこれらの事情を隠していたことが後々に発覚すると，示談金の交渉の場面で不利になってしまいかねません。

交通事故の心得＜事故現場でするべきこと＞

①必ず警察に連絡

ケガや事故の程度にかかわらず，必ず警察に連絡をしましょう。加害者から「連絡しないでほしい」と頼まれても応じるべきではありません。

警察に連絡しないと，交通事故証明書＊が必要な際に発行してもらえなくなります。

また，実況見分＊も行われません。すると，事故の記録が残らず，交渉の際に被害者の方に不利益が生じる場合があり得ます。

▶交通事故証明書
　交通事故の日時，場所，当事者などの情報が記載されている書類です。裁判を起こす際などに必要となります。

▶実況見分
　人身や重大な物損事故が発生した際に警察が行う現場調査のことです。加害者と被害者の話を聞き，道路や自動車の状況を調べ，実況見分調書を作成します。

②加害者や車の情報を取得

運転免許証や名刺から加害者の氏名や住所を取得し，自動車のナンバーも確認しましょう。加害者の任意保険会社を把握しておくことも大切です。

③事故現場の証拠を収集

幸いにもケガの症状が軽い場合は，携帯電話などで事故現場の写真を撮ったり，目撃者から話を聞いたりしましょう。自動車や自転車に乗っていた場合は破損状況の確認も忘れずに。

④自分が加入している保険会社に連絡

あらかじめ自分が加入している保険会社に連絡をしておくことで，保険対応がスムーズになります。

② 事故直後の対応，これは忘れないで！

 実況見分は示談金額にも影響を与える？

つぎに，警察が行う実況見分についてご説明します。

実況見分とは，警察が事故現場を確認することです。実況見分調書という書類が作成され，事故の日時や当事者，車両番号や損害の場所や程度など，交通事故のさまざまな情報が記載されます。実況見分調書は文章による記載だけでなく，交通事故を示した図面や事故現場の写真なども添付されます。

実況見分には，被害者の方もできる限り立ち会うようにしましょう。その理由は，実況見分調書は，示談交渉や裁判を行う際に交通事故の詳細を示す重要な証拠として扱われるからです。加害者だけが立ち会った場合，被害者の方にとって不利な調書が作成され，示談交渉や裁判で示談金を決める際に

不利になり，金額に影響をおよぼしかねません。

実況見分に立ち会うことは，適切な示談金を受け取ることにも繋がるといえます。立会いの際は，警察に話した内容や事故の状況が正確に記載されているか確認をしながら，ご自身に不利益のない実況見分調書を作成してもらうようにしましょう。

📄 もしも，物損事故扱いにされてしまったら…

交通事故に遭うのは初めてのため，きちんと警察に届け出をしたつもりでも，不備があるかもしれません。考えられるのは，人身事故*ではなく，物損事故*（専門用語では物件事故とも言います）として扱われているケースです。事故が人身事故と物損事故のどちらで扱われているかは，交通事故証明書で確認することができます。

もし，物損事故で扱われていたとしたら，すぐ人身事故に切り替える手続をしましょう。その理由は，ケガをしているにもかかわらず，物損事故として届け出がされた場合，治療費の支払などを拒否されてしまうおそれがあるからです。

物損事故から人身事故へ切り替えるには，病院で「事故日」と「初診日」が記載された診断書を取得し，事故の処理を行った警察署の交通課に必要書類を提出します。その後，警察によって人身事故であると確認されれば切り替わります。なお，切り替え手続が必要な場合は，できるだけ早めに行うようにしましょう。交通事故から長期間が経ってしまっている場合，ケガと事故の関係性が明らかでないという理由などにより，物損事故から人身事故への切り替えができなくなってしまうことも考えられます。

これから，治療や示談交渉などがすべて終わるまでには長い時間がかかり

▶**人身事故**
人がケガをした場合の交通事故のことをいいます。
▶**物損事故**
人に死傷がなく，自動車や着衣などの器物が損壊した事故のことです。警察に傷害の申告をしていない事故はすべて物損事故として扱われます。

ます。生活が一変するような重いケガを負った場合は，示談金が確定するまで数年かかることも珍しくありません。そして治療や示談交渉では，多くの疑問や不安に直面することが予想されます。

その疑問や不安を解決し，また，疑問や不安に負けてしまうことなく示談金を受け取るためには，事故直後から示談成立までの流れや対応，正しい知識を身に付けておくことが大切です。

結局，事故によるケガの痛みに耐えられなかったダミーくんは，ダミミちゃんとの待ち合わせ場所には行かず，病院に行くことになりました。

これからダミーくんは，長い治療を経験していくことになります。治療や示談交渉を経て，交通事故被害の示談金を受け取るまでに，ダミーくんにはどのような出来事が待ち受けているのでしょうか？　次の章からは，ダミーくんが経験すること，直面する問題に沿いながら，治療時の注意点などをご説明していきます。

交通事故証明書の入手方法 +1

　交通事故の日時や場所，当事者の連絡先などの客観的な事実関係を確認できる交通事故証明書。さまざまな情報を得られることから，裁判時や弁護士へ相談する際など，必要とする場面も多くあります。

　この交通事故証明書は，「自動車安全運転センター」というところで入手することができます。郵便振替，窓口，Webサイトの3つの方法があり，いずれの方法も手数料540円（別途払い込み手数料が必要な場合があります）がかかります。

入手方法	詳　　細
郵便振替	郵便振替用紙に必要事項を記入し，郵便局の振替窓口から申し込みます。
窓口	全国各地にある自動車安全運転センターの窓口に必要事項を記入した申請用紙を提出します。原則として即日交付されますが，事故資料が届いていない場合は，後日郵送となります。
Webサイト	自動車安全運転センターのWebサイトにある申込フォームから申請することができます。この場合，手数料はコンビニや金融機関，ネットバンクなどを利用して支払うことになります。

　なお，郵便振替と窓口による申請は，損害賠償請求権のある親族，保険の受取人など，交通事故の当事者の方以外も行うことができますが，Webサイトでの申し込みは，交通事故の当事者の方しか申請できません。

交通事故の心得＜加害者編＞ +1

　交通事故に巻き込まれた際，必ずしも自分が被害者とは限りません。自動車やバイクを運転する方は，加害者にもなり得ます。道路交通法では，交通事故を起こした場合に運転者がしなければならないことが定められており，これに違反すると，懲役刑や罰金刑が科せられてしまいます。そこで，もし，加害者になってしまった場合のことを踏まえ，事故現場でやらなければいけないことの加害者編をご説明いたします。

①事故の状況を確認する
　交通事故を起こしてしまったら，すぐに自動車を止めて，死傷者の有無，車両の破損状況をはじめとする，事故の状況を確認するようにしましょう。

②負傷者を救護する
　負傷者がいる場合は，すぐに救護活動を行うようにしましょう。救急車を呼ぶ，止血などの応急処置を行うなど，できることがあるはずです。なお，頭部を負傷している場合は，むやみに負傷者を動かさないようにしましょう。

③さらなる事故を防ぐために安全を確保
　後続車両が事故に気がつかず，さらなる事故が発生するような事態は防がなければなりません。非常停止板や発煙筒で後続車に危険を知らせる，事故車を安全な場所に移動させるなどの対応を行うようにしましょう。

④警察に連絡をする
　軽微な事故であった場合も含め，事故が発生した日時や場所，状況などを警察に連絡するようにしましょう。

第2章 治療の始まりと終わり，後遺障害等級の申請

～交通事故後，病院にて～

　右手首の靭帯損傷と頸椎捻挫ですね。靭帯損傷は入院して手術が必要です。

　入院しなきゃいけないのかぁ。しばらく仕事に行けないな。その後も治療が続くだろうし。はぁ…，これからどうしよう…。

ダミーくんが診断されたケガについて

＜手首靭帯損傷＞
腕の骨と手指の骨の間（小指側）にある，複数の靭帯や軟骨が組み合わさった軟部組織の損傷。医学の言葉で「TFCC損傷」とも呼ばれています。

＜頸椎捻挫＞
首の骨やその周りの筋肉などを損傷し，首や背中に痛みやしびれなどが生じるケガのこと。一般的に「むち打ち」とも言われます。

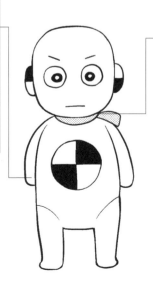

第 2 章　治療の始まりと終わり，後遺障害等級の申請

　右手首の靭帯損傷，頸椎捻挫（むち打ち）と診断され，入院することになったダミーくん。

　頭の中は不安でいっぱいです。

　交通事故の被害に遭われた方は，ダミーくんと同じように，治療のこと，仕事のこと，生活のことなど，たくさんの不安を抱えていることと思います。

　ケガの治療は長い時間がかかってしまうものですが，不安を抱かなくても大丈夫！　これからご説明する知識を身に付け，まずは治療に専念しましょうね。

1　治療の前にまず知っておきたいこと

健康保険は使って大丈夫？

　どうしよう，手術をすることになったけど，費用を用意できない。貯金はほとんどないし，お父さんやお母さんに負担をかけたくもない…。

　ダミーくん，安心してください。治療費は加害者の自賠責保険＊や任意保険＊で支払われるものですよ。

　ただし，被害者の方が治療費を立て替え，後から保険会社に請求するケースも多くあります。立て替える際は，領収書を忘れずにもらうようにしてくださいね。また，治療費を保険会社に直接請求してくれる病院もありますの

▶**自賠責保険**
　すべての自動車やバイクに加入が義務付けられている保険です。交通事故によって加害者が負う経済的な負担を補う役目があります。
▶**任意保険**
　各保険会社が販売をしている自動車保険のことで，その名の通り，加入は任意となります。

で，立て替えが困難であれば，一度，病院に相談してみるといいかもしれません。

よかった！ じゃあボクは普段，病院に通うときと同じようにしていれば大丈夫かな？ あれっ，交通事故でも健康保険は使えるよね？

　もちろん使えますよ。皆さんが加入している健康保険や国民健康保険は，ケガや死亡の原因が交通事故であっても使用可能です。病院から「健康保険は使えない」と言われることもあるようですが，そのようなことはありませんのでご安心ください。

　交通事故の治療で健康保険を使用する際は，健康保険組合に「負傷原因報告書」をはじめとする書類を提出する必要があります。書類は，全国健康保険協会のWebサイトからのダウンロード，郵送での取寄せ，役所の国民健康保険窓口での受取りなどの方法で入手できます。

健康保険に提出する書類（協会けんぽの場合）

書類名	書類の詳細
交通事故，自損事故，第三者（他人）等の行為による傷病（事故）届	被害者，加害者の氏名や住所，事故発生日時，保険会社，治療状況などが記載されています。
負傷原因報告書	事故に遭った場所や時間などを記載します。仕事中の負傷か否かを確認する際に使用される書類です。
事故発生状況報告書	事故の状況や被害者の方に過失があるか否かを判断するための書類です。
念書	被保険者（被害者の方）と協会けんぽとの間での確認書です。

損害賠償金納付確約書・念書, 損害賠償金納付確約書	加害者が記入する書類です。署名を拒否された場合は,余白に拒否する理由を記載。
同意書	協会けんぽが加害者の保険会社に賠償金を請求する際に必要となります。請求時に個人情報が扱われるため,使用に同意するものです。

※参照：全国健康保険協会Webサイト

仕事中,通勤途中なら労災保険が使えます

そういえば,前にお父さんが交通事故に遭った時は,労災っていう制度を利用できたらしいんだけど,ボクは利用できないの？

　労災保険（労働者災害補償保険）は,仕事中や通勤途中にケガをしたり病気になった場合に利用できる保険で,交通事故でも利用可能です。ただし,ダミーくんの場合は休日に事故に遭っていますので,利用はできません。

そうなんだ。たしかにお父さんの事故は仕事帰りだったね。ちなみに,労災保険は健康保険とどこが違うのかな？

　まず,労災保険の場合は自己負担がありません（健康保険は治療費の3割が自己負担となります）。さらに,治療費以外にもさまざまな補償を受けることができます。

負傷原因報告書（見本）

回答日：平成　　年　　月　　日

負 傷 原 因 報 告 書

被保険者記号番号		被保険者氏名		㊞
事業所名		被保険者住所		
職　種		就業時間	時　　分から　　時　　分まで	
被扶養者が負傷したとき	氏名		被保険者との続柄	

負傷の原因（詳細に記述してください）

○ いつ　平成　　年　　月　　日（　曜）　午前／午後　（　　時　　分頃）

○ その日は　　勤務日　　公休日　　会社の休日　　その他（　　　　　）

○ どこで（場所）
　　自宅　　会　社　　その他（　　　　　　　　　　　　　　　　　）

○ 受傷されたときの状況、用務について（何をされていたときどのようにして、などを具体的にご記入ください。）

○ 受診の状況について

医療機関の名称		年　月　日から　年　月　日まで	治ゆ　中止　継続中
医療機関の名称		年　月　日から　年　月　日まで	治ゆ　中止　継続中

○ パート・アルバイト中の場合　※被扶養者が勤務しているときはご記入ください。

　　勤務先名称　　　　　　　　　　　　　　（TEL　　－　　－　　）
　　勤務先住所

○ お仕事中又は通勤途中にお怪我をされた場合、その方が法人事業所の役員であるときは労災保険の特別加入の有無。
※該当する方へ○印を記入してください。
　　労災保険に特別加入　　　している　　・　　していない

※ 出勤又は退社して帰宅中の負傷の場合は、会社から自宅までを裏面に図示し通勤経路及び負傷場所を記入してください。

※ 下記の欄は「業務上」および「通勤災害」の場合のみ事業主の記入を受けてください。

上記、本人の申し立てのとおり、　1. 業務上　／　2. 通勤災害　に相違ないことを認めます。

事業所所在地
事業所名称
事業主氏名
事業所連絡先

労災保険で受けられる補償

補償の種類	補償の詳細
療養（補償）給付	診療を無料で受けられます。
休業（補償）給付	欠勤などをして給料を得られなかった場合に，給料の一部に相当する金額が給付されます。
障害（補償）給付	ケガが完治しなかった場合，程度に応じて障害補償年金または一時金が支給されます。
遺族（補償）給付	被害者の方が死亡した場合は，遺族に年金または一時金が支給されます。
葬祭料	被害者の方が死亡した場合，葬儀の費用が支給されます。
傷病（補償）年金	傷病の程度に応じて年金が支給されます。
介護（補償）給付	障害補償年金や傷病補償年金の受給者が介護を必要とする場合に支給されます。

　なお，各都道府県には労災保険指定医療機関があります。労災保険指定医療機関なら，自分で費用を立て替えることなく，労災保険を利用して無償で治療を受けることができます。

　労災保険指定医療機関ではない医療機関の場合は，被害者の方が治療費を一度立て替え，後日，労働基準監督署に対して治療費を請求することになりますのでご注意ください。労災保険指定医療機関は，厚生労働省のWebサイトで検索できます。

　労災保険を利用する際は労働基準監督署に第三者行為災害届などの書類を提出します。

労働基準監督署に提出する書類

書類名	書類の詳細
交通事故証明書	自動車安全運転センターで取得できます。取得できなかった場合は、交通事故発生届で代用可能です。
念書（兼同意書）	被害者の方が思わぬ損失を被ることがないように提出する書類です。政府（労災保険）が加害者に対して損害賠償請求を行うことに同意する書面も兼ねています。
示談書の謄本(とうほん)	示談が行われた場合に提出します。
自賠責保険などの損害賠償等支払証明書 または 保険金支払通知書	仮渡金または賠償金を受けている場合に提出が必要となります。
死体検案書 または 死亡診断書	交通事故の被害に遭われた方が亡くなられた場合に提出します。
戸籍謄本	交通事故の被害に遭われた方が亡くなられた場合に提出します。

※参照：労災保険「第三者行為災害のしおり」

✕ 健康保険と労災保険の併用はできません！

なるほどね。じゃあ、仕事中の事故は、健康保険と労災保険の両方を利用すればいいんだね。

　ダミーくん、それは違いますよ！
　労災保険が使える場合は、健康保険は利用できません。
　また、健康保険で治療を受けた後に、労災保険が適用されることを知った場合は、途中から労災保険に変更し、それまで健康保険で自己負担をしてい

た治療費を受け取ることができます。ただし，下記のように手続が少々面倒ですので，あらかじめ，労災保険が適用されるかどうか確認しておくほうが賢明です。

健康保険から労災保険に変更するには？

①	治療費のうち，健康保険で負担されていた金額（治療費全体の7割）を医療機関に支払います。
②	支払時に領収書と診療報酬明細書を忘れずにもらいましょう。
③	通院時にすでに支払っていた治療費（治療費全体の3割）の領収書を用意します。
④	②と③の書類を合わせて所轄の労働基準監督署に提出し，治療費全額を請求します。

早とちりでした，エヘヘッ。ん？　ちょっと待って！　治療費は加害者側の保険会社が支払うんだよね。それなら健康保険や労災保険を使わなくてもいいんじゃないかな？　書類の提出も面倒に思えてきたし，加害者の負担が減るようでなんか腑に落ちないな。

たしかに治療費は加害者側の保険会社が支払ってくれます。ですが，被害者の方が健康保険や労災保険を利用して損をすることはありません。

一方で，治療費が高額になることが見込まれる場合や，被害者の方にも過失がある場合は，保険を利用しない自由診療＊を選択すると，最終的に受け取る示談金が減る可能性もあります。

では，どのような際に示談金が減ってしまう可能性があるかご説明しますね。

▶**自由診療**
健康保険や労災保険を利用せず，治療費の全額を自己負担することです。この際の治療費は，医療機関の判断で決まります。

① 加害者が任意保険に未加入の場合，自己負担のリスクが高まります

　加害者が任意保険に未加入の場合は，自賠責保険の補償しか受けることができません。自賠責保険で支払われる治療費の限度額は，他の損害額も含めて120万円（通常の傷害の場合）と決められており，治療費が120万円を超えて，かつ加害者が支払えない場合，超過分は被害者の方が自己負担しなければなりません。もし，健康保険や労災保険を使用せず，自由診療を選択すると，治療費は高額となり，120万円を超える可能性が高まってしまいます。

　しかし，労災保険なら治療費の自己負担はありません。健康保険を利用する場合も120万円を超える可能性は低いです。すなわち労災保険や健康保険を利用することで，自己負担のリスクを回避，軽減することができるのです。

② 過失が被害者にもある場合，示談金額に差が出ます

　交通事故には過失割合（かしつわりあい）＊というものが存在します。過失が被害者の方にもある場合，示談金を受け取る前に，被害者の方の過失に応じて金額が差し引かれます。健康保険や労災保険を利用している場合と自由診療の場合では，過失割合によって受取金額が変わってくるのです。

　過失が「被害者20：加害者80」で，健康保険を使用した際の治療費の自己負担が30万円で，そのほかの賠償金が300万円となった場合を例に挙げ，受取金額の違いをご説明します。

▶過失割合
　加害者100：被害者0，加害者90：被害者10といった交通事故に対する責任の割合のことです。過失相殺ともいいます。

保険を使わないと過失が示談金にどう影響する？

※過失割合が「被害者20：加害者80」の場合

	自由診療	健康保険	労災保険
治療費	200万円	30万円（自己負担3割）	0円（自己負担なし）
損害の合計金額	500万円	330万円	300万円
過失割合を反映	400万円	264万円	240万円
一見，自由診療が一番高額ですが，治療費を立て替えていましたので，上記の金額から治療費を引きます。すると…。			
受取金額	200万円	234万円	240万円

※上記は実際に多くのケースで行われる処理の一例です。自由診療（1点＝20円計算），健康保険（1点＝10円計算）で算出しています。
労災はさまざまな見解があるため，裁判で争った場合などは異なる結果になることもあります。

> 健康保険，労災保険を利用したほうが，受取金額は高額に！

治療にかかるお金は，すべて支払われると限りません！

> よーし，加害者側の保険会社が支払ってくれることだし，どんどん治療を受けようっと。入院する病室は個室にしようかな。あと，退院したら首や背中のマッサージを受けたいな。

ダミーくん，ストップ！

治療で使ったお金をすべて加害者側の保険会社に支払ってもらえるとは限りません。過剰診療，高額診療，濃厚診療という言葉をご存知ですか？　必要以上に治療を受けたり，著しく高額な治療費になったりして，これらに該当すると，治療費は自己負担になってしまいます。

つぎに，病院の個室を利用することですが，個室料金が治療費として認め

られるのは，大部屋に空きベッドがなく個室を利用せざるを得ない場合や，ケガの状況から個室の利用が認められる場合ぐらい。そのほかのケースでは治療費として認められないことがほとんどです。

また，マッサージや温泉治療，鍼灸などの施術療法は，医師の指示であれば治療費として認められやすいものの，自己判断で受け，効果が見られない場合は，認められないケースもありますので注意してくださいね。

治療は，医師の指示に従って適切に受けるようにしましょう。私たち弁護士も被害者の方のケガの状況を伺い，必要な治療や検査についてアドバイスできます。治療のアドバイスを弁護士から受けることで，最終的に受け取る示談金が増額となるケースも多くあります。

> へぇー，そうなんですね。なんで弁護士がアドバイスをすると示談金額が増額するの？

治療が終了した後の話になりますが，ケガが完治しなかった場合，「後遺障害等級*」の申請を行います。

この申請は，どのような治療，どのような検査を受けていたかによって，結果が変わってくるもので，認定された等級が異なると，示談金額も変わるんですよ。弁護士は，それを理解したうえで，過去の裁判例，同じようなケースの交通事故やケガの方から相談を受けてきた経験を活かして，一人ひとりに適切なアドバイスをいたします。

今はまだ治療中ですので，詳しいことは，治療の終了後に改めてお伝えします。まずは，ケガを治すことに専念しましょう！

▶後遺障害等級
治療を行ってもケガが完治せず，残ってしまった症状のレベルのことです。賠償金を貰うための基準にもなります。詳しくは30ページをご覧ください。

② 仕事を休んでも大丈夫？

入通院で仕事を欠勤し，減給されたら…

～2週間の入院を経て，退院の日を迎えたダミーくん～

> ようやく退院だ。でも，これから毎週病院に通わないといけなくて…。病院が遠いから，仕事を休むこともあるだろうな。休んだ分は減給だよなぁ。給料が減るのは嫌だから，通院せずに仕事に行こうかな。でも，それでケガの治りが遅くなるのも…，困ったなぁ。

ダミーくん，減額された給料は取り戻すことができますよ。

入通院によって遅刻や欠勤をしてしまい，給料に影響が出てしまった場合，休業損害を請求することができます。休業損害とは，その名の通り，交通事故が原因で仕事を休んだため発生した損害（失った利益）のことです。「仕事を休み，給料の一部もしくは全額が支払われなかった」，「欠勤が多いためボーナスが減ってしまった，貰えなかった」など，交通事故が原因で受け取ることができなくなった給料が賠償されます。

休業損害の金額は，加害者の任意保険との示談交渉で決まります。欠勤することで，一時的に収入が減るかもしれませんが，後から取り戻せる可能性は十分にあるのです。

また，労災保険を利用している方は，労災で定められている保険給付のひとつ「休業（補償）

給付」で減額された給料の一部を受け取ることができます。休業補償給付では，休業4日目から，給付基礎日額*の60％と，給付特別支給金として給付基礎日額の20％を受け取ることができます。

3 症状固定ってどういう意味？

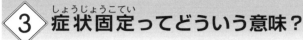 治療やリハビリの効果がなくなってきたら…

～交通事故から約1年後，病院にて～

> ダミーさん，長いこと治療を続けてきましたが，治療の効果がなくなってきてますね。そろそろ症状固定の時期かもしれません。

> 症状固定？　先生，それはどういうことですか？

　交通事故から約1年間，治療を続けていたダミーくん。ある日，医師から症状固定だと伝えられました。しかし，症状固定が何を意味している言葉なのかわからずにいるようです。

　症状固定は，ケガの治療とすごく密接な言葉です。ひと言で説明すると，これ以上，治療を続けても，治療の効果が望めなくなってしまった状態のことをさします。

　「治療やリハビリを行っても，すこし経つと以前の状態に戻ってしまう」。
　このような状態が症状固定です。

▶給付基礎日額
「事故発生前の過去3ヵ月に支払われた賃金の総額÷過去3ヵ月の日数」で算出する数値。賃金の総額が90万円で日数が90日であれば，給付基礎日額＝90万円÷90日＝1万円となります。

ケガが完治するに越したことはありませんが，完治するとは限りません。治療を続けても痛みが変わらず，後遺症*が残ってしまうこともあります。そのため医師は，これ以上，治療を続けても効果がないと判断すると，症状固定と診断するのです。

また，症状固定は，示談金額を決めるうえでも大きなターニングポイントになります。症状固定後は，治療費や休業損害を請求できる期間の対象外になってしまうからです。

ですから，症状固定は，医師と相談しながら，慎重に決める必要があります。もし，まだ治療の効果があると感じていたら，そのことを医師にきちんと伝えましょう。

治療費や休業損害の支払対象は症状固定まで！

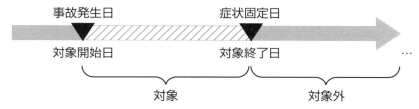

そうなんだね。そういえば保険会社からは『そろそろ治療費の支払を打切りにします』って言われていたんだけど，これも症状固定に関係しているのかな？

ダミーくんのように，加害者の保険会社から治療費の打切りの話をされたとしたら，それは，保険会社の「1日も早く症状固定にしたい」という思惑かもしれません。症状固定後の治療費は支払の対象外となりますので，保険会社としては，早く症状固定を迎えたほうが支払金額を少なくでき，好都合

▶後遺症
症状固定となった後も残っている痛みやしびれなどの症状のことです。

なのです。

しかし，先ほどもお伝えした通り，症状固定はダミーくんの話を聞いたり，ケガの状態をみたりして医師が判断するものです。保険会社の話を鵜呑みにして，早く症状固定とする必要はありません。医師が症状固定と判断するまで，しっかりと治療を受けるようにしましょう。

④ 痛みやしびれが残っていたら？

将来の不安を和らげるための大事な後遺障害等級

これから僕はどうすればいいんだろう。首のあたりに痛みが残っているし，手術した右手首も事故以前のように使うことができない。あきらめるしかないの？

ダミーくんはこれから，ケガの後遺症と付き合いながら生活をしていかなければいけません。後遺症が残り，将来に対する大きな不安を抱いています。

このような不安をすこしでも和らげる第一歩として，症状固定後に後遺症が後遺障害であると認めてもらう手続を行います。

後遺症と後遺障害，似た言葉が2つ出てきましたので，まずは2つの違いからご説明します。後遺症も後遺障害も，症状固定となった後も残っている痛みやしびれなどをさしている点では同じです。

でも，大きな違いがひとつ。

それは，後遺障害は「ケガが完治しなかった」ことを自賠責損害調査事務所という機関に認めてもらった場合に当てはまる言葉だということです。

実は，後遺症の症状によって1級から14級の後遺障害等級が設けられており，いずれかの等級に該当した後遺症が後遺障害と呼ばれます。より重篤な

後遺障害であるほど，数字の若い等級が認定されます。そして，後遺障害等級の認定を受けると，示談金の交渉を行う際に将来の収入に対する賠償や慰謝料を請求できるようになります。

ですから，後遺症が残ってしまった場合は，忘れずに後遺障害等級を申請しましょう。申請は，自賠責損害調査事務所に，後遺障害診断書*や治療に関する資料（レントゲン写真，CTやMRI検査の結果）などを提出し，判断を仰ぐことになります。

なお，提出方法は，「事前認定」と「被害者請求」と呼ばれる２つの手続があります。どちらの手続で申請するかは，自分で選択することができます。違いを表にまとめましたのでご覧ください。

事前認定と被害者請求の違い

	事前認定	被害者請求
手続を行う人	加害者の保険会社	被害者の方
治療に関する資料	加害者の保険会社が用意	被害者の方が用意
メリット	手間がかからない	提出資料を自分たちでチェックできる
デメリット	提出資料のチェックができない	手間がかかる

なるほど。必要な書類を提出したら，簡単に後遺障害が認定されるのかな？　だとしたら，事前認定のほうが楽そうだよね。

▶**後遺障害診断書**
症状固定後に主治医に作成してもらう書類です。傷病名や自覚症状，他覚症状および検査結果などを記載します。

それが，そう簡単にはいきません。

　書類の漏れや情報の不足などがあると，後遺障害と認定されなかったり，認定されたとしても等級がご自身の症状にそぐわないものになってしまったりする可能性があります。

　後遺障害等級の認定においては，「後遺障害診断書」が重要な役割を果たします。後遺障害診断書に具体的な自覚症状や障害の程度や内容，検査による測定値などが詳細に記載されているか否かが認定結果に大きな影響を与えます。さらに，治療に関する資料がきちんと添付されていないと適切な後遺障害等級の認定を受けることは難しいです。検査資料などに不足があってはいけません。

　でも，安心してください。

　被害者請求なら，提出する資料を事前にチェックできます。しかも，被害者請求は被害者の方本人ではなく，弁護士などの法律の専門家が行うこともできます。後遺障害に詳しい弁護士に，提出すべき書類をしっかりとチェックしてもらってから申請することで，後遺障害等級の認定申請をする際の不安は解消されますよ。

認定結果が不満なら，異議申立てをしましょう

もし，等級が認定されなかったり，納得できない等級になってしまったりした場合はどうすればいいのかな？

あきらめるにはまだ早いです。

非該当になってしまった場合や認定された等級に納得できない場合は，異議申立てという手続を行うことができます。

異議申立てとは，等級認定に再チャレンジすることです。しかし，一度出た結果を覆すことは簡単ではありません。同じ資料を提出するだけではダメです。認定結果が誤っていることを指摘し，それを裏付ける医学的な資料を提出しないと，同じ結果となる可能性が高くなってしまいます。

認定結果が妥当なのか，どのような資料があれば，認定結果が覆るのかを判断するには，医学の知識が必要となり，被害者の方がご自身で判断することは難しいものです。そのようなときは，弁護士など，交通事故に詳しい専門家に相談することがオススメです。専門家のサポートを受けることで，異議申立てが成功する道が開けてきますよ。

～ダミーくんが後遺障害の等級認定を申請してから数ヵ月後～

よかったぁ。首と右手首のそれぞれに後遺障害等級が認定されたよ！

ダミーくんは，むち打ちによる首の痛みが後遺障害14級9号，TFCC損傷が原因で，右手の関節を事故以前のように動かせなくなったことが後遺障害12級6号と認められ，後遺障害併合12級が認定されました。

交通事故からすでに1年以上。長かった治療と後遺障害の等級認定を終え，いよいよ示談交渉のスタートラインに立つときが来ました。

ダミーくんが認定された後遺障害

＜手首靭帯損傷＞
後遺障害12級6号が認定
右手関節の可動域が左手と比べて制限されていることから、「1上肢*の3大関節中の1関節の機能に障害を残すもの」として認定される。

＜頸椎捻挫＞
後遺障害14級9号が認定
首の痛みなどの自覚症状があることから、「局部に神経症状を残すもの」として認定される。

▶上肢
肩、肘、手首までの各関節と手指の部分を指します。後遺障害の等級認定では、肩関節、肘関節、手関節（手首のこと）を上肢3大関節と呼びます。いっぽうで、股、ひざ、足首までの各関節と足指の部分を下肢といいます。

COLUMN ①

運転中にスマホはダメ。
でも，運転前や万が一の交通事故の際は便利！

　スマートフォンをお持ちの方，アプリは何を使っていますか？

　便利なアプリがたくさんありますが，交通事故に遭った時に使用できるアプリがあることをご存知ですか？　アンドロイド端末向けのアプリ「交通事故ナビ」は，万が一の事故の際に起動させれば，アプリの手順に従って事故の状況に対応できます。また，警察や救急，ロードサービスへの連絡もボタンひとつで操作可能です。

　交通事故に遭ったのに，スマホを操作しているヒマなんてないと思うかもしれませんが，実際に事故に遭うと，気が動転してしまい，警察への連絡や，その後の対応が上手くできないかもしれません。いざという時の備えにインストールしておいてもよいかもしれませんね。

　また，事故情報や渋滞情報など，運転をするうえでのお役立ちアプリはたくさんあります。運転中にスマホの操作は絶対にいけませんが，スマホアプリをご自身の運転に有効的に取り入れてみてはいかがでしょうか？

後遺障害等級の気になる言葉「併合」,「相当」とは？ +1

　ダミーくんが認定を受けた後遺障害等級は併合12級でした。この「併合」という言葉は何だろう？　と感じた方もいらっしゃると思います。また，「相当」という言葉が用いられることもあります。この，後遺障害等級の認定結果で知っておきたい，「併合」と「相当」についてご説明します。

併合とは？	手と足のそれぞれで後遺障害等級が認定された場合など，2つの等級が認定された場合，重いほうの等級で併合12級などと表します。 ただし，1〜13級が2つ以上ある場合は，最も重い等級から1級，1〜8級が2つ以上ある場合は2級，1〜5級が2つ以上ある場合は3級，等級が繰り上がります。 （例） 　後遺障害11級と後遺障害12級が認められた場合 　→後遺障害併合10級が認定
相当とは？	等級は，「ここの部位の後遺症で，この症状であれば何級」と詳細に定めた基準が存在します。しかし中には，該当する基準が存在しないが，後遺障害が残っていると判断されるケースもあります。その場合，何級程度の後遺障害に相当するという意味で，認定を受けた等級の後ろに「相当」と言う単語が付くことがあります。 （例） 　後遺障害等級の基準に該当しないが，8級と同等の後遺症が残っている場合 　→後遺障害8級相当が認定

治療途中で病院を変更することはできる？ +1

「通院中の病院が遠方で，通うのが大変」
「医師の対応や治療方針に不満がある」
などの理由から，通院する病院を変更したいという方もいらっしゃると思います。また，頭を強く打った際は，軽いケガだと感じても，脳外科の専門医に診察してもらうほうがよい場合もあります。

病院を選ぶ権利は自由にありますので，自分が通いたい病院に変更することは可能です。ただし，病院を変更する際は，つぎのことに注意する必要はあります。

病院を変更する際に注意したいこと

①通院交通費

病院が変われば，通院にかかる交通費も変わります。後々に，加害者側の保険会社と，交通費でトラブルにならないよう注意しましょう。

②後遺障害診断書

後遺障害診断書を作成する際，事故当初の症状などは，当時通っていた病院でないと書けない場合があります。

③診療内容

通院先を変更する場合，診療内容がそれまでと異なることがあります。

よりよい治療を受けたいという思いから病院を変更したことが，トラブルの発端になってしまったり，損をする結果になってしまったりしてはいけませんので，病院を変更する際は，加害者の保険会社の担当者に，事情を説明

してから変更するほうが安全です。
　また，医師の診断や治療の内容に納得できないけど，病院を変更してよいか悩まれている場合は，セカンドオピニオンとして，一度，ほかの病院で診てもらうことも有効的な手段です。

COLUMN ②

道路の老朽化が深刻。
あなたが普段利用する道は大丈夫？

　平成24年12月に起きた中央自動車道笹子トンネルの天上版落下事故を覚えていらっしゃいますか？　天上版のコンクリートが落下して複数の乗用車が下敷きになるなど，9名もの方が亡くなられた，いたたまれない事故でした。

　この事故が発生した原因として挙げられているのが老朽化です。今，日本の道路の老朽化は非常に深刻な問題になっています。その理由(わけ)は，多くのトンネルや橋が東京オリンピックに合わせて緊急的に整備されるなど，高度経済成長の時期に作られたものだからです。

　国土交通省の発表によると，平成35年には，橋の約43％，トンネルの34％が，建設後50年が経過すると見込まれているとのことです。笹子トンネルの事故以降，国も老朽化対策に力を入れていますが，橋は全国に70万もあり，すぐに改善できる数ではありません。思わぬ事故に巻き込まれないように，よく利用する道路が"いつ作られたものか"把握することも大事かもしれません。

第 **3** 章　示談金のカラクリ！知っておきたい交渉のポイント

～後遺障害等級の認定を受けたダミーくんのもとに，加害者が加入している任意保険会社の担当者から連絡が…～

示談金の算出が終わりましたのでご連絡いたしました。ダミーさんにお支払いする示談金はこちらになります。

（示談金が書かれた書面を見て）おおっ！

金額に問題がなければ，こちらで示談を…。

　ちょっと待って！

　その示談金は，今後，ダミーくんが後遺障害を抱えながら生活していくためには，妥当な金額ではないかもしれません。

　任意保険会社から提示される金額は一人ひとり異なります。合計額が一千万円以上となるケースもあり，提示された示談金が十分な賠償金と思う方もいらっしゃるかもしれません。しかし，これからお伝えする内容を知れば，

"提示された示談金≠十分な賠償金"

であることをご理解いただけると思います。

① 任意保険会社から示談金が提示されたら

 まずは，提示書面について知りましょう！

 自分の年収以上で，ふだん目にしない金額が書かれていたから，一瞬，驚いちゃったけど，よく考えたら，何でこの金額なんだろう。もらった書面には，いろいろな項目と金額が書かれているけど，いまいちよくわからないし…。

　保険会社から示談金が提示されたけど，そもそもどのように示談金が決められているのか，何に対しての賠償でいくら支払われるのか，などが分からない方もいらっしゃるのではないでしょうか？　そこで，示談金を提示される際に渡される書面のご説明をいたします。

　次のページでご紹介する書類は，任意保険会社から届く書面を参考に作成したサンプルです。任意保険会社ごとに書面のフォーマットは異なりますが，書かれている内容はほぼ同じです。金額や金額の算出方法などの詳細が書面に記載されています。

保険会社から提示される示談金の書面（見本）

ダミー 様　　　　　　　　　　　　　　　平成〇〇年××月△△日
　　　　　　　　　　　　　　　　　　　　株式会社▲▲損害保険
　　　　　　　　　　　　　　　　　　　　担当　●●　●●

損害賠償金のご案内

事故発生日　　　　平成〇〇年××月△△日
症状固定日　　　　平成〇〇年××月△△日

傷害による損害

項目	金額	備考
治療費	¥1,122,181	〇〇医院　1,122,181円
看護料	¥0	日額〇〇×日数〇〇
通院交通費	¥63,695	
入院雑費	¥20,900	日額〇〇×日数〇〇
休業損害	¥459,505	日額〇〇〇〇〇×日数〇〇
入通院慰謝料	¥1,486,900	日数〇〇〇
その他	¥16,940	
小計（A）	¥3,170,121	

後遺障害による損害

項目	金額	備考
逸失利益	¥0	
後遺障害慰謝料	¥2,240,000	後遺障害併合12級
小計（B）	¥2,240,000	

合計（A）＋（B）＝（C）	¥5,410,121	
過失割合（D）	¥0	
既払い額（E）	¥1,122,181	治療費などの内払金
お支払金額（C）−（D）−（E）	¥4,287,940	

書面の主な掲載項目

傷害による損害	
項目	内容
治療費	診察や手術，薬などの費用。
看護料	入院や通院の際に家族の看護や付添を必要としたことに対する費用。
通院交通費	通院の際にかかった交通費。
入院雑費	入院時に購入した日用品などの費用。
休業損害	仕事を休んだことで発生した損害（減給など）の賠償。
入通院慰謝料	精神的・肉体的な苦痛に対する補償。傷害慰謝料ともいいます。

後遺障害による損害	
項目	内容
逸失利益	将来得られるはずだった利益（収入など）に対する賠償。
後遺障害慰謝料	後遺障害が残ったことで受ける精神的・肉体的な苦痛に対する賠償。後遺症慰謝料ともいいます。

　上記の表のように，示談金は，「傷害による損害」と「後遺障害による損害」の2つに大きく分けられているケースが多いです。「後遺障害による損害」は，後遺障害等級が認定された際に支払われる賠償金となりますので，等級が認められなかった場合や後遺症が残らなかった場合は，「傷害による損害」のみが提示されます。

　また，ご説明した項目に当てはまらない支払は，「その他」の項目に記載されています。

2 知らないと損をする示談金のカラクリ

示談金の算出基準が3つあることをご存知ですか？

> 提示された金額はこれで決定なの？ それとも，ここから金額が変わったりするのかな？

　提示された金額で決定ではありませんよ。任意保険会社からの提示に対して増額を求めることができます。これが，示談交渉です。

　任意保険会社と示談交渉を行い，納得できる金額になり，相手方の提示に同意すると示談が成立します。

　では，なぜ示談交渉ができるのでしょうか？

　ここが知らないと損をする示談金のカラクリ！

　任意保険会社は，各社が社内で決めている基準から金額を算出しています。しかし，この金額は，裁判で認められた金額よりもはるかに低い額なのです！

　これには，交通事故の示談金には3つの算定基準が存在することが関係しています。3つの算定基準とは，自賠責保険基準，任意保険基準，裁判所基準のことです。

示談金における3つの基準

自賠責保険基準	自賠責保険で定められている基準です。通常は，3つの中でもっとも低額で，必要最低限の補償といえます。
任意保険基準	任意保険会社が独自に定めている基準で，保険会社ごとに詳細は異なります。通常は，自賠責保険基準より高額ですが，裁判所基準より低額です。
裁判所基準	過去の裁判で認められた金額を基準化したもので，「赤い本*」などに掲載されている基準から計算します。通常は，3つの基準の中でもっとも高額です。

　ダミーくんは今回，任意保険会社の担当者から示談金の提示を受けています。この場合，提示されたのは任意保険基準に基づいて算出された金額です。

　でも，裁判所が認めている基準よりも低い額が提示されているのはおかしな話ですよね。この理由は，任意保険会社もビジネスであり，「支出は抑えたい」というホンネがあるからです。そのため，支出の少ない任意保険基準を提示し，支出を抑えたまま示談を成立させようとしているケースが多くあります。これが示談金のカラクリです。

　示談交渉は，このようなカラクリを見破り，適切な賠償金を受け取るための大切な交渉です。提示された金額が適切かを確認し，裁判所基準での支払や，低額な項目の増額を求め交渉を進めていきます。

　示談交渉ではどのような点に注意していけばよいかは，示談金の各項目の詳細とともに，ひとつずつ詳しくご説明していきますね。

▶赤い本
　交通事故に関する訴訟の判例が多数掲載された専門書籍『民事交通事故訴訟損害賠償額算定基準』のことです。表紙が赤いことから「赤い本」と呼ばれ，「青本」（交通事故損害額算定基準）とともに，弁護士が示談金算出の際に活用しています。

③ 示談金のポイント①　治療費

🔖 治療費はどこまで認められる？

治療費は，すでにすこし教えてもらっているよね。そういえば，病院の先生からすすめられて，むち打ちの治療で鍼灸院に通ったんだけど，これも治療費として認められるかな？

まずは，治療費についてあらためて詳しくご説明しますね。

治療費は，交通事故で負ったケガを治療するために病院などに通い，そこでかかった費用のことです。診察料，入院料，薬代，手術費，これらはすべて治療費として認められるのが通常です。

しかし，治療の過程では，ほかにもさまざまな費用が発生します。病院以外で行う治療（施術療法）は，ダミーくんのように，医師から指示を受けて行ったものであれば認められるケースがあります。整骨院や接骨院，鍼灸院などの治療院への通院やマッサージ，温泉治療などが，これに該当します。医師の指示がなかった場合でも，治療院での施術やマッサージがむち打ちなどの治療に効果があることは広く知られているため，事実上，治療費として支払われることがあります。

松葉杖，車椅子，義歯，補聴器など，治療器具の代金も治療関係費として認められるケースが多いです。ただし，必ずしもすべて認められるわけではなく，治療器具が必要以上に高額な場合は，治療費として認められない，または，費用の一部が自己負担となる場合もあります。

なお，個室・特別室利用料金は認められないの

が一般的です。認められるケースは，空きベッドがなかった場合や，重篤（じゅうとく）な状態のため，個室の利用が望ましいと判断された場合に限られます。

🏥 入院，通院に関連するほかの費用も認められます！

　治療費と関わりが深い項目として，看護料や入院雑費，交通費などが挙げられます。これらの項目は，任意保険会社によっては，治療費の中に含んで提示する場合もあります。

　ひとつずつ詳細をご紹介していきますね。

　看護料は，入院時や通院時に近親者などが付添をしたことに対して支払われる補償です。医師の指示や被害者の方のケガの程度や年齢から支払が判断されます。金額は，入院の場合は日額5,000～7,000円程度，通院の場合は日額3,000～4,000円程度，家政婦などの職業付添人を雇った場合は実費全額が認められます。また，家族が付添のために仕事を休んだ場合で，ご説明した以上の金額が認められたケースも過去の裁判例にはあります。

　入院雑費は，入院時にかかるさまざまな費用のことです。ティッシュなどの日用品を購入した費用やテレビの視聴代金などが該当します。領収書を保管し，細かく計算する必要はありません。入院の事実や日数を示すことができれば，日額1,400～1,600円程度が認められます。

　通院時の交通費に関しては，バスや電車などの公共交通機関を利用した全額が支払われます。乗用車を運転して通院した場合は，ガソリン代や駐車場代などが支払われます。

💡 治療費の示談交渉，ここがポイント！

　診察料，入院料，薬代，手術費などの支払で被害者の方と保険会社の間で意見が食い違うケースは少ないです。しかし，医療器具の費用などが認められていなかったり，施術療法の費用が認められていなかったりすることがあり得ます。

その場合は，治療に医療器具が必要だったこと，医師からの指示で施術療法を受けたこと，施術療法の効果が出ていることなどを示談交渉で主張し，治療費として支払うよう求めていくことになります。

　また，治療費で争点になりやすいのが将来の治療費です。

　症状固定の際にご説明したように，治療費の支払が認められるのは原則として症状固定までとなりますが，将来，手術を行う必要がある場合（ボルト除去手術など）や，医療器具を買い替える必要がある場合は将来の治療費が認められるケースがあります。しかし，保険会社から示談金の提示があった際には含まれていないケースが多いのが事実です。主治医から根拠となる資料などを入手し，将来の治療費を主張していきましょう。

4 示談金のポイント②　休業損害

入院，通院による損失は休業損害で補われます

> 休業損害についてもすでに教わったよね。約1年間，病院に通っていたし，仕事を休んだ日も多かったから，給料からたくさん引かれたんだよなぁ（泣）。

　ダミーくんが通院時にお悩みを抱えていた際もすこしご紹介した通り，休業損害は仕事を休んだことで発生した減給などに対する補償です。任意保険会社や弁護士との会話の中で，休損と略されることもあります。

　休業損害の対象期間は，交通事故に遭ってからケガの完治，もしくは症状固定までです。原則は，実際の減収額となりますが，減収額がわからない場合は，休業日数，事故以前の収入などから金額を算出します。

職業別，休業損害の計算方法の一例

職業	計算方法
会社員，フリーター （給与所得者）	事故前3ヵ月の給料の合計÷90日×休業日数 または， 事故前1年間の給料の合計÷365日×休業日数
経営者，自営業，開業医など （事業所得者）	＜確定申告をしている場合＞ （前年度の確定申告所得額＋固定経費）÷365日×休業日数 ＜確定申告をしていない場合＞ 賃金センサス*の平均賃金÷365日×休業日数
主婦 （家事従事者）	＜専業主婦の場合＞ 賃金センサスの女性労働者の平均賃金÷365日×休業日数 ＜兼業主婦の場合＞ 事故前3ヵ月の収入の合計÷90日×休業日数 または， 前年の収入の合計÷365日×休業日数 ※兼業主婦の場合，上記の計算結果と専業主婦の計算結果とを比べて高額なほうを請求します。

※上記は交渉の際の一例です。

　ここで一度，ダミーくんに協力してもらい，休業損害を実際に計算してみましょう。ダミーくん，事故前3ヵ月間の収入と，任意保険会社から提示された書面に書いてある休業日数を教えてもらえますか？

▶賃金センサス
厚生労働省の賃金構造基本統計調査のことです。この調査で公表される平均賃金が，収入が不明確な方の損害を算出する際に用いられています。

えーっ！ たいして稼いでいないから給料を公表するのは恥ずかしいなー（笑）。でも，皆さんが休業損害について知るためだもんね，仕方ない。事故前の給料は24万円だけど，残業もあったから，3ヵ月間の収入の合計は783,000円。休業日数は45.5日って書いてあるよ。

ありがとうございます。ダミーくんは会社員ですので，教えてもらった情報を給与所得者の計算方法に当てはめます。すると，ダミーくんの休業損害はつぎのようになります。

> ダミーくんの休業損害
> 事故前3ヵ月の給料の合計÷90日×休業日数
> ＝
> 783,000円÷90日×45.5日＝**395,850円**

なお，事故以前の収入は，勤務先に休業損害証明書を作成してもらい，前年の源泉徴収票と併せて保険会社に提出して証明します。

休業損害証明書（見本）

```
前年度分源泉徴収票をここに貼ってください。
（源泉徴収を実施している事務所は、前年度の源泉徴収票を添付してください）
```

休業損害証明書

（下記の必要箇所に記入または該当箇所に〇印を付してください）

給与所得者（パート・アルバイトを含む）

職種役職		氏名		採用日	平成昭和	年	月	日

1. 上記の者は自動車事故により、平成　年　月　日から平成　年　月　日までの期間 仕事を休んだ（遅刻・早退した日を含む）。

2. 上記期間の内訳は、
　欠勤　　　日　　年次有給休暇（注）　　　日　　遅刻　　　回　　早退　　　回
　（注）労働基準法第39条に定める使途を限定しない年次有給休暇であって、必要に応じて自由な時間に取得できる休暇

3. 上記について休んだ日は下表のとおり

月	1	2	3	4	5	6	7	8	9	10	11	12	13	14	15	16	17	18	19	20	21	22	23	24	25	26	27	28	29	30	31
月	1	2	3	4	5	6	7	8	9	10	11	12	13	14	15	16	17	18	19	20	21	22	23	24	25	26	27	28	29	30	31
月	1	2	3	4	5	6	7	8	9	10	11	12	13	14	15	16	17	18	19	20	21	22	23	24	25	26	27	28	29	30	31

※休んだ日（年次有給休暇を含みます）には〇印を記入し、勤務先の所定の休日には×印を記入してください。

4. 上記休んだ期間の給与は、
　ア. 全額支給した　　　　　イ. 全額支給しなかった
　ウ. 一部　支給　減額　した。その金額は　　　　　円
　内訳　｛ 本給は　月　日から　月　日分まで　　　　円
　　　　　付加給は　月　日から　月　日分まで　　　　円
　（注）支給または減額に〇印を付し、その金額および計算根拠（式）を記入してください。

＜計算根拠（式）記入欄＞

5. 事故前3ヵ月に支給した月例給与（賞与は除く）は下表のとおり

	稼働日数	支給金額		社会保険料	所得税	差引支給額
		本給	付加給			
年　月分						
年　月分						
年　月分						
計						

（注）①給与所得者の場合、給与の毎月の締切日：　　　日
　　　②パート・アルバイトの場合
　　　　所定勤務時間：　　時　　分〜　　時　　分（1日労働　　時間　　分）
　　　　給与計算基礎：月給、日給　　　　円、時給　　　　円

6. 社会保険（労災保険、健康保険等で、公務員共済組合を含む）から傷病手当金・休業補償費の給付を
　ア. 受けた（名称および電話番号は下記のとおり）　　イ. 手続中　　ウ. 受けない

名称		電話	（　　　）

上記のとおりであることを証明します。
　　平成　　　年　　　月　　　日
　　所在地　　　　　　　　　　　　　　　　　　　　　電話
　　商号または氏名　　　　　　　　　　　　　　　　　担当者名
　　代表者氏名　　　　　　　　　　　　　　　印　　　担当連絡先

専業主婦や学生など，収入がない人も休業損害が認められる!?

そういえば，さっきの表に主婦の計算方法もあったけど，給料を貰っていない専業主婦も休業損害をもらえるの？ ボクのおばあちゃんは専業主婦だけど，前に交通事故に遭った時とか，きちんと貰っていたのかなぁ？

　休業損害は，サラリーマンのように収入がある人だけに支払われるわけではありません。専業主婦のように給料を受け取っていない方にも休業損害が支払われる可能性があります。

　たとえば，専業主婦の方が腕を骨折したら，炊事や掃除洗濯などの家事ができなくなりますよね。この期間は，「家事ができない」という損害が実際に発生しているといえますので，サラリーマンの方が仕事を休んだのと同じように，休業損害が発生するとされています。

　また，学生の休業損害は原則として認められませんが，アルバイトをしている学生が働くことができなくなった場合や，交通事故が原因で留年した，もしくは就職が遅れたなど具体的な影響が出てしまった場合は，休業損害が認められます。

　同様に無職の方であっても，事故発生時に就職が決まっており，交通事故によって就業開始日が遅れたなどの事情があれば休業損害を請求できます。

なるほどね。あと，病院に行くことで会社を休んで減給になるのがイヤだったから，有休を使おうかとも考えたんだ。結局，ボクは使わなかったけど，もし有休を使っていたら，どうなっていたかな？

本来は自由に使えるはずだった有給休暇を通院のために使用した場合，休業損害の対象になります。過去の裁判例でも，有給休暇を使用した日も休業損害の対象となると認められています。

休業損害の示談交渉，ここがポイント！

休業損害は，示談交渉で争点となりやすい項目のひとつです。とくに休業日数がカギを握るケースが多いですね。

その理由は，任意保険会社は，仕事を休んだ日はすべて休業損害にカウントするわけではないからです。「休業日数＝欠勤日数」というわけではありません。欠勤や遅刻をした日数のうち，ケガの程度や治療の過程，仕事内容などを考慮して休業日数を決めています。そのため，任意保険会社と被害者の方の間で休業日数の食い違いが発生するケースがあります。

もし，休業日数が少なく算出されているのであれば，仕事を休まないといけなかった理由を詳細に説明していきます。正しい休業日数が認められるようにすることが適正な休業損害を獲得するためのポイントです。

また，もうひとつ忘れてはならないのが主婦の方の休業損害です。こちらも示談交渉で争点となるケースが多く，"主婦休損"という言葉が存在するほどです。

先ほどご説明したように，家事への影響が損害として認められているにもかかわらず，任意保険会社が提示する専業主婦の方の休業損害は低額なことがあります。

兼業主婦の方の場合は，仕事やパートを休んだ分の休業損害は認められていても，家事への影響が反映されていないことがあります。特に正社員に近い労働時間で働いている場合は，家事の休業損害が認められないことが多くなります。その際は，ケガによって家事ができなかったため，休業損害が認められるべきであると主張していく必要があります。

⑤ 示談金のポイント③ 入通院慰謝料

交通事故による精神的苦痛を補償

 えっと、次は入通院慰謝料について教えて！ 慰謝料っていう言葉は、芸能人の離婚が話題になったときによく聞くけど、交通事故の示談金でもあるんだね。

慰謝料は、治療費や休業損害といった目に見える損害だけでなく、不自由な思いや不安など、「目に見えない損害＝精神的苦痛」を被ったことに対して支払われる賠償金です。

交通事故の被害では、事故発生から症状固定までに対して支払われる入通院慰謝料（傷害慰謝料）、後遺障害が残ったことに対する慰謝料である後遺障害慰謝料（後遺症慰謝料）、被害者の方が亡くなった際にご遺族の精神的苦痛を補償する死亡慰謝料など、複数の慰謝料があります。ここでは、その中から入通院慰謝料についてご説明します。

入通院慰謝料の金額は、入院と通院の期間によって決まり、ケガの部位や程度などによって増額となる場合もあります。そして金額の算定方法は、自賠責保険基準、任意保険基準、裁判所基準で異なります。

まず、自賠責保険基準における入通院慰謝料の算定方法は、次の通りです。

入通院慰謝料の計算方法（自賠責保険基準）

1日4,200円×実治療日数*×2

※実治療日数×2の数値が総治療日数*を上回る場合は、1日4,200円×総治療日数で計算します。自賠責保険基準における入通院慰謝料の限度額は、他の損害額も含めて120万円となります。

▶**実治療日数と総治療日数**
実治療日数は、入院した日数と通院した日数を足した数値のことです。総治療日数は、初診から治療を終了した日までの総日数です。

入通院慰謝料の計算方法（任意保険基準）

任意保険基準では，保険会社ごとに算出の基準，金額は異なります。

入通院慰謝料の計算方法（裁判所基準）

裁判所基準では，「赤い本」と呼ばれる専門書に，入院1ヵ月単位での慰謝料の金額，通院1ヵ月単位での慰謝料の金額がまとめられています。

別表Ⅰ（原則）

	入院	1ヵ月	2ヵ月	3ヵ月	4ヵ月	5ヵ月	6ヵ月	7ヵ月	8ヵ月
通院		53	101	145	184	217	244	266	284
1ヵ月	28	77	122	162	199	228	252	274	291
2ヵ月	52	98	139	177	210	236	260	281	297
3ヵ月	73	115	154	188	218	244	267	287	302
4ヵ月	90	130	165	196	226	251	273	292	306
5ヵ月	105	141	173	204	233	257	278	296	310
6ヵ月	116	149	181	211	239	262	282	300	314
7ヵ月	124	157	188	217	244	266	286	304	316
8ヵ月	132	164	194	222	248	270	290	306	318

別表Ⅱ（むち打ちで他覚症状がない場合）

	入院	1ヵ月	2ヵ月	3ヵ月	4ヵ月	5ヵ月	6ヵ月	7ヵ月	8ヵ月
通院		35	66	92	116	135	152	165	176
1ヵ月	19	52	83	106	128	145	160	171	182
2ヵ月	36	69	97	118	138	153	166	177	186
3ヵ月	53	83	109	128	146	159	172	181	190
4ヵ月	67	95	119	136	152	165	176	185	192
5ヵ月	79	105	127	142	158	169	180	187	193
6ヵ月	89	113	133	148	162	173	182	188	194
7ヵ月	97	119	139	152	166	175	183	189	195
8ヵ月	103	125	143	156	168	176	184	190	196

※単位：万円　　　　　　　　『民事交通事故訴訟　損害賠償額算定基準』より抜粋

裁判所基準では，基準となる計算方法は2つあり，原則としては別表Iを，むち打ちで他覚症状がない場合などは，別表IIで計算されます。別表Iに従うと，たとえば，1ヵ月間入院した後，3ヵ月間通院したとしたら，入通院慰謝料は115万円となります。しかし，実際には1ヵ月単位でキレイに納まることは少ないため，入通院慰謝料を割り出すには，複雑な計算が必要になります。通院日数が170日であった場合を例に，一度，計算してみましょう。

> **通院日数が170日の場合**
> 170日＝5ヵ月と20日。
> 　まず，通院5ヵ月分の慰謝料は1,050,000円です。
> 　残り20日は，まず通院6ヵ月の際の慰謝料1,160,000円から，通院5ヵ月の慰謝料1,050,000円を引きます。
> 　1,160,000円－1,050,000円＝110,000円
> 　そして，この110,000円を，日割りで計算し直します。
> 　110,000円÷30日×20日＝73,333円
> 　入通院慰謝料の合計は1,050,000円＋73,333円＝1,123,333円

💡 入通院慰謝料の示談交渉，ここがポイント！

　入通院慰謝料の計算には3つの基準があることをご説明しましたが，皆さんが気になるのは，「いったい，どの基準が使われるの？」ということではないでしょうか？　これが示談交渉のポイントです。

　加害者の任意保険会社から示談金の提示があった場合，提示された入通院慰謝料は基本的に自賠責保険基準か任意保険基準で算出されることがほとんどです。この金額は，裁判

所基準とは通常金額に開きがありますので，交渉では，実際の入院期間，通院期間をもとに裁判所基準では入通院慰謝料はいくらなのかを計算したうえで，その金額の支払を認めるように主張をしていきます。

6 示談金のポイント④　逸失利益

後遺障害による金銭の損失はどうなるの？

 　後遺障害が残ったから，将来への不安が尽きないよ。今までみたいに仕事をこなせないかもしれない。そうしたら，昇進や昇給にも影響出ちゃうかな。これまで仕事も順調だったのに…，ハァ，悔しい。

　後遺障害が残ったことで，これまでのように仕事ができなくなったり，場合によっては体への負担が少ない部署に異動をし，減給になったりした方もいらっしゃると思います。このように，後遺障害によって，将来，得られるはずだった利益が得られなくなる可能性があります。逸失利益は，この将来の利益を補償するものです。

　金銭の損失を賠償するという点で休業損害と似ていますが，休業損害は交通事故から症状固定までの損失の賠償で，逸失利益は症状固定より後の損失の賠償となります。

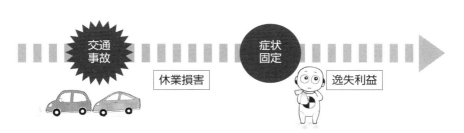

逸失利益は，体への負担が少ない部署に異動して減給された場合や，昇給に影響が出た場合，職業が制限されてしまった場合など，さまざまなケースで支払われます。

逸失利益はどんな時に支払われる？
- 昇給に影響が出た
- 異動となり，減給された
- 将来の出世に影響が出た
- 転職せざるを得なくなった
- 顔に傷跡が残り，人前に出る仕事に就けなくなった
- 体力を使う仕事に就くことができない　など

将来得られるはずだった利益はどのように算出する？

　将来得られるはずだった利益の賠償ですから，具体的な損失額を知ることはできません。そこで，逸失利益は次の計算式を用いて算出します。

逸失利益の計算式

年収×労働能力喪失率×中間利息控除係数（ちゅうかんりそくこうじょけいすう）

※学生，若年労働者，主婦などは，現時点での実収入をもとに計算すると不当であるため，全年齢の平均賃金を基礎収入として算定することが多いです。ただし，若年労働者で，むち打ちなどで労働能力喪失期間が5〜10年と短い場合には，実収入を用いることがあります。

　計算式には，労働能力喪失率と中間利息控除係数という2つの聞き慣れない言葉が書かれていますよね。2つとも逸失利益を計算するうえでとても大切なものですので，詳しくご説明しますね。
　まず，労働能力喪失率とは，失われた労働能力を数値化したものです。認定された後遺障害等級によって喪失率が決められています。

労働能力喪失率表

等級	数値	等級	数値	等級	数値
第1級	100/100	第6級	67/100	第11級	20/100
第2級	100/100	第7級	56/100	第12級	14/100
第3級	100/100	第8級	45/100	第13級	9/100
第4級	92/100	第9級	35/100	第14級	5/100
第5級	79/100	第10級	27/100		

※数値は目安です。後遺障害の種類や被害者の方の職業、実際の減収の有無などにより増減する場合があります。

　つぎに、中間利息控除係数について。中間利息控除係数とは、将来の利益を先に受け取ることによる不公平をなくすためのものです。わかりづらいと思いますので例を挙げますね。

中間利息控除係数って何?

① 症状固定から5年間で失った利益が100万円だったと仮定します。
　　↓
② 事故に遭わなければ、5年かけて100万円を得るはずだったが、事故により100万円が一気に手元に入った。
　　↓
③ 100万円を上手に運用(貯金の利子や投資など)すれば利益を得ることができる。
　　↓
④ すると、5年後には100万円以上になっているかも。

　このような利益をあらかじめ差し引くための数値として中間利息控除係数が設けられています。

では，中間利息控除係数は，どのようにして決まるのでしょうか？　ここで登場するのがライプニッツ係数*という数値です。ライプニッツ係数は，逸失利益の支払対象として認められた年数（労働能力喪失期間と言います）に応じて算定され，その数値が中間控除係数として先ほどご紹介した計算式に使用されます。

　労働能力喪失期間は，通常，症状固定日の年齢から67歳までの期間とされていますので，たとえば30歳で症状固定となった場合には，「67－30＝37」となり，37年間が労働能力喪失期間となります。そのため，この場合では，労働能力喪失期間37年に対応するライプニッツ係数（＝16.7113）を使って逸失利益を計算することになります。

篠田先生，聞き慣れない専門用語がたくさん出てきたから，一度，おさらいをしたいな。

　そうですね。では，一度，例題で計算しながらおさらいをしてみましょう。

年齢42歳，年収400万円で後遺障害11級が認定された方の場合

　逸失利益の計算式は「年収×労働能力喪失率×中間利息控除係数」でしたね。年収は400万円，労働能力喪失率は59ページの労働能力喪失率表の後遺障害11級の欄に記載されている20/100をあてはめます。すると「4,000,000×20/100×中間利息控除係数」となります。

　あとは中間利息控除係数ですね。67歳まで逸失利益が認められると仮定すると，67歳から症状固定時の年齢である42歳で引き算を行い「67－42＝25」となり，労働能力喪失期間は25年間です。そして，25年の場合のライプニッ

▶ライプニッツ係数
中間利息控除の計算方式のひとつ。計算方式にはライプニッツ方式やホフマン方式などが存在しますが，現在はライプニッツ方式が主流です。

ツ係数は14.0939と決められています。

これで計算式が出来上がりますね。この例題では，「4,000,000×20/100×14.0939＝11,275,120」となり，1,127万5,120円が支払われる逸失利益の金額となります。

ただし，逸失利益は，必ずしも67歳までの期間が認められるわけではありません。後遺障害の程度や，将来的な回復の見込みによっては，5年間や10年間など，短い期間しか認められない場合もありますのでご注意くださいね。

労働能力喪失期間をもっと詳しく！

① むち打ちは労働能力喪失期間が短い？
　労働能力喪失期間が短縮される傾向が強いのが，むち打ちによる後遺障害です。むち打ちの場合，後遺障害12級13号，もしくは，後遺障害14級9号が認定されますが，後遺障害12級13号の場合は5〜10年間，14級9号だと3〜5年間が目安となります。

② 学生の労働能力喪失期間
　未就労の場合は，症状固定時の年齢ではなく，学校を卒業する年齢（18歳または22歳）から労働能力喪失期間を算出します。

③ 高齢の場合は，簡易生命表を使い算出
　67歳以上の方は，「67歳－年齢」ではなく，簡易生命表という資料に書かれている平均余命を基に，「平均余命×1/2」で労働能力喪失期間を算出します。67歳未満であっても，「67歳－年齢」より「平均余命×1/2」のほうが大きな数値の場合は，この計算方法を採用します。

逸失利益の示談交渉，ここがポイント！

もっとも争点となりやすいのが，労働能力喪失期間です。

任意保険会社は，労働能力喪失期間を67歳まで認めず，短期間で提示してくるケースがあるからです。短期間なほど，逸失利益の金額も低額になります。

任意保険会社が提示する労働能力喪失期間が正しいとは限りません。提示された労働能力喪失期間が適切であるかの確認は，忘れずに行いましょう。

　また，主婦の逸失利益や，顔に傷跡（外貌醜状と言います）が残った場合なども，逸失利益が争点となりがちです。顔の傷跡は，減収に直接結びつかないと判断される仕事が多いからです。しかし，外貌醜状が残ると，人前に出る仕事はもちろん，営業職や接客業といった対面でのコミュニケーションが大事な仕事においても顔の傷跡によって支障をきたしますので，逸失利益が認められる可能性があります。

　このように，「労働能力喪失期間が適切でない」，「逸失利益が認められていない」といった場合は，過去の判例や医学的根拠を示し，適切な金額を支払うように，主張していきましょう。

7　示談金のポイント⑤　後遺障害慰謝料

後遺障害を抱えながらの生活による精神的苦痛を補償

 後遺障害慰謝料は，入通院慰謝料のときにすこし教えてくれたよね。後遺障害が残ったときに支払われる慰謝料のことっ！

　ダミーくん，その通りです。後遺障害慰謝料は，後遺障害を抱えて生活することで受ける精神的苦痛に対して支払われる慰謝料です。

　後遺障害慰謝料も入通院慰謝料と同じように，自賠責保険基準，任意保険基準，裁判所基準に分かれています。自賠責保険基準と裁判所基準では，後遺障害の等級ごとに基準となる金額が決まっており，任意保険基準の場合は，入通院慰謝料と同じように各保険会社が独自に定めた基準に従って，金額が提示されます。

第3章 示談金のカラクリ！ 知っておきたい交渉のポイント

自賠責保険基準と裁判所基準の金額

等級	自賠責保険基準	裁判所基準
第1級	1,100万円 介護を要する後遺障害*の場合は 1,600万円	2,800万円
第2級	958万円 介護を要する後遺障害の場合は 1,163万円	2,370万円
第3級	829万円	1,990万円
第4級	712万円	1,670万円
第5級	599万円	1,400万円
第6級	498万円	1,180万円
第7級	409万円	1,000万円
第8級	324万円	830万円
第9級	245万円	690万円
第10級	187万円	550万円
第11級	135万円	420万円
第12級	93万円	290万円
第13級	57万円	180万円
第14級	32万円	110万円

※自賠責保険基準は「自賠法施行令別表第1」および「自賠法施行令別表第2」より。
裁判所基準は『民事交通事故訴訟 損害賠償額算定基準』より

💡 後遺障害慰謝料の示談交渉，ここがポイント！

　後遺障害慰謝料においても，ポイントとなるのは，裁判所基準が認められるかどうかです。任意保険会社から提示される後遺障害慰謝料は，自賠責保険基準，または任意保険基準に則った金額ですが，どちらも裁判所基準と比較して低額のため，増額交渉を行う余地が十分にあります。具体的には，

▶介護を要する後遺障害
　後遺障害1級，2級の中で，被害者の方が寝たきり状態となってしまった場合など，常に，もしくは，随時介護が必要だと認められた後遺障害のこと。

"赤い本"に記載されている裁判所基準の金額を参考に、適切な金額を認めるよう、交渉していくことになります。

また、加害者に重大な過失など（ひき逃げや信号無視など）がある場合は、「加害者に大きな責任がある」と主張でき、慰謝料増額の交渉材料となります。

⑧ 示談金のポイント＋α　過失割合

示談金額と合わせて決める過失割合って何？

 これで書面の説明は終わりかな。あれっ、ちょっと待って、過失割合0：100って書いてあるぞ。過失割合って何だっけ？どこかで聞いたような気もするけど…。

保険についてご説明した際にもすこしご説明していた過失割合。これは、最終的に受け取る示談金額に大きく影響する項目です。

ひと言にまとめると、「過失割合＝交通事故の責任の割合」。

ダミーくんの場合、0：100となっていますので、ダミーくんに責任はなく、加害者が責任を100％負っていることになります。

しかし、被害者であっても、0：100になるとは限りません。特に、バイクや乗用車でお互いが走行中に起きた事故、自転車や歩行者でも交通ルールを守っていなかった事故などは、被害者の方にも一定の過失割合が付くことが多いです。

過失割合は、過去に裁判で争われたケースが多くあります。"赤い本"や別冊判例タイムズ38号＊といった専門書籍には、過失割合の基準が具体的に記載されており、これらを参照のうえ、事故現場の状況（道路の見通しな

ど）や重大な過失（信号無視などの交通違反）の有無を踏まえながら過失割合を決めていきます。

　参考までに，別冊判例タイムズ38号に掲載されている事故状況別の過失割合をいくつかご紹介します。

過失割合ケース①	自転車の巻き込み事故
＜事故の詳細＞ 　自転車で走行中，交差点で，前方の自動車が左折して衝突。	＜基本過失＞ 　自転車10：90自動車 ＜自転車の過失が増す場合＞ 　携帯電話を使用しながらの片手運転など，自転車側に過失がある。 ＜自転車の過失が減る場合＞ 　自動車が左折の合図を出さなかった，もしくは，出すのが遅かった。

▶**別冊判例タイムズ38号**
交通事故の発生時の車両などの位置や信号の色，道路の広さなど，具体的な状況ごとに過失割合の基準を示している専門書籍です。

過失割合ケース②	右折車の一時停止無視

<事故の詳細>

交差点で一時停止を無視した乗用車が飛び出してきて衝突。

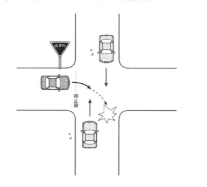

<基本過失>

直進車15：85右折車

<直進車の過失が増す場合>

時速15km以上のスピード違反をしていた。

携帯電話を使用しながらの運転など，直進車に過失があった。

<直進車の過失が減る場合>

右折車が徐行していなかった。

携帯電話を使用しながらの運転など，右折車に過失があった。

過失割合ケース③	バイクのすり抜け事故

<事故の詳細>

渋滞中の道路の左端をバイクで走行中，交差点を右折した対向車と衝突。

<基本過失>

バイク30：70対向車

<バイクの過失が増す場合>

著しい前方不注意があった。

時速15km以上のスピード違反をしていた。

<バイクの過失が減る場合>

対向車が，道路外の駐車場などに入るため，交差点以外の場所で右折していた。

過失割合が受取金額を大きく左右する！

保険会社から過失割合を提示されたら，それで決定なのかな？　ボクの場合は，0：100だから良かったけど，被害者に過失があった場合は，それを認めるしかないのかな？

　過失割合は，任意保険会社の一存で決まるものではありません。示談金の各項目と同じように，交渉によって決めていきます。

　ダミーくんの場合は，ダミーくんが赤信号のため停車中に起きた事故であり，過失割合は0：100が提示されたことから問題ありませんでしたが，お互いが運転をしている状況で起きた事故の場合，ダミーくんにも一定の過失が付いていたかもしれません。そして，交通事故が発生した状況などでお互いの主張が食い違い，過失割合が争点となるケースも多くあります。

　では，なぜ，過失割合が非常に大事なのでしょうか？

　それは，過失が大きいほど，示談の成立後に受け取る金額が減ることになるからです。

　被害者の方に過失が付いている場合，過失の割合に応じて減額された後に，示談金を受け取ります。つまり，過失割合によって受取金額も変わってくるということになります。

　ここで，損害の合計金額を500万円と仮定し，一例をご紹介します。過失割合が0：100の場合，15：85の場合，30：70の場合によって，受取金額は次のように変わってきます。

過失割合の違いによる受取金額の違い

過失割合	0：100	15：85	30：70
損害の合計金額	500万円	500万円	500万円
（過失による）	500×0＝0	500×0.15＝75	500×0.3＝150
減額分	0円	75万円	150万円
受取金額	500万円	425万円	350万円

　このように，被害者の方の過失が大きいほど，減額される金額は大きくなります。だからこそ，過失割合の交渉は各補償の増額交渉と同じくらいに大事になってきます。

　示談金を提示された際に，過失割合をチェックすることは，示談交渉でとても重要なポイントのひとつですので，忘れないようにしてくださいね。

　そして，任意保険会社から提示された過失割合に納得がいかない場合は，「実況見分調書」，「供述調書（きょうじゅつちょうしょ）」など，証拠としての価値が高い書類を揃え，事故当時の状況を具体的に主張していきます。

⑨ 示談で損をしないための"３つの心構え"

✕ すぐ示談書にサインをしてはダメ！

　示談金の詳細も，過失割合も，よーくわかったよ！　ありがとう!!　任意保険会社の担当者は『これだけお支払いさせていただきます。いい金額ですよ』っていう雰囲気をプンプン出していたし，ボクにとっては高額だったから，示談に応じようとしちゃったけど，それは間違いだったんだね。

「示談に応じるところだった」とダミーくんは言っていますが，すぐ示談に応じなくて本当によかったです。後悔するところでした。実は，一度，示談に応じると，後からその内容を覆すことはとても困難だからです。

示談交渉の際は，このような注意しなければいけないポイントがいくつかあります。これからご紹介する"3つの心構え"は特に大切ですので，しっかりと胸に刻んで，後悔や損をしないように示談交渉を進めていきましょう。

 ## 1.「示談金の初回提示≠十分な賠償」。すぐ示談に応じない

すでに何度もお伝えしているように，任意保険基準は裁判所基準よりも低額です。また，休業損害や逸失利益などで認められるべき賠償が認められていないケースも多々あります。そのため，任意保険会社が最初に提示してきた示談金は，適切な金額といえないケースが大半です。

示談金が提示されたら，まずは支払われる損害の項目が適切か，賠償額がどれぐらい低額か確認するようにしましょう。自分にとっては高額だからといってすぐ示談に応じてはいけませんよ。

 ## 2. 示談のプロに言いくるめられてはダメ！

任意保険会社の担当者は，被害者の方との示談を成立させることを仕事としており，知識や経験が豊富です。示談交渉のプロフェッショナルといっても過言ではありません。

いっぽうで，被害者の方のほとんどが交通事故も示談交渉も初めての経験だと思います。示談金に関する知識や交渉のスキルは，任意保険会社の担当者のほうが上です。自分で増額交渉を行ってみたものの，知識と経験で上回る相手に上手く言いくるめられ，思うように交渉できなかったという話も聞きます。

知識や経験で相手が上なのは，仕方のないことです。しかし，相手のペースで交渉を行い，言いくるめられないように注意しましょう。その理由は，3つ目の心構え，"示談はやり直しがきかない"にあります。

3．示談はやり直しがきかない

　一度，示談をして示談書（合意書や同意書，免責証書ともいいます）に署名捺印すると，示談はやり直しがききません。示談書には，「受領後は，本件に関して，いっさい請求いたしません」といった一文が書かれているからです。そのため，よほど特別な事情がない限り，示談内容を覆すことはできません。だからこそ，適正な金額かどうかを慎重に判断しなければいけないのです。

示談交渉は不安，でも適切な補償は受け取りたい。そのときは…

 示談のことを聞けば聞くほど，自分できちんと交渉できるか不安になってきたなー。でも，適切な示談金を受け取りたいし。

　示談交渉は，精神的にも肉体的にもとても消耗するものです。示談の成立までには数ヵ月を要するケースも多く，任意保険会社との交渉は，時として煩(わずら)わしく感じることもあります。

　でも，「適切な賠償金を受け取りたい」。その想いは譲れませんよね。では，どうしたらよいか…。

　このような時は，私たち弁護士の出番です！

COLUMN ③
自転車のルールとマナー，守らないと前科が付くかも!?

　通勤や通学，買い物などで毎日のように自転車に乗っている方も多いと思いますが，悪質な自転車運転を繰り返していると，前科が付くおそれがあることをご存知ですか？

　2015年6月の道路交通法改正で，悪質な自転車運転の取り締まりが厳罰化されました。法律で危険運転と定められた行為によって3年間で2回以上取り締まりを受けると，自転車運転講習を受けることが義務づけられたのです（14歳以上が対象）。この講習は3時間ほどで終わりますが（講習手数料5,700円がかかります），もし，講習を一定の期間内に受講しないと，受講命令違反として5万円の罰金が科せられ，前科が付いてしまうのです。

　危険行為に定められているのは，信号無視や酒酔い運転などの14項目。歩道を走行する際のルールも含まれており，いつも当たり前のように行っていた運転が危険行為に定められているかもしれません。ルールとマナーを守って自転車に乗ることが交通事故の防止にも繋がりますので，今一度，自分の自転車の乗り方を見直してみてください。

自転車運転者講習の対象となる危険行為	
信号無視	遮断踏切への立ち入り
一時停止の無視	歩道を走行する際の通行方法違反 （歩行者を妨害する行為）
酒酔い運転	通行禁止違反 （歩行者天国などを走行する行為）
歩道を走行する際の車両義務違反 （徐行しないで走行する行為など）	通行区分違反 （車道の右側を走行する行為）
路側帯で歩行者を妨害する行為	交差点で優先道路通行者を妨害する行為
交差点を右折する際に直進車を妨害する行為	環状交差点で他の車両の通行を妨害する行為
ブレーキの整備不良	携帯電話を操作したり，傘をさしたりしながら片手で運転する行為

交通事故で車が破損！ 修理費用はどこまで請求できるか？ +1

「衝突されて車にキズがついた」,「バイクが破損して乗れなくなった」。乗用車やバイクなどが破損してしまったり,廃車にするしかないような修理不可能な状態になってしまったりすることもあります。その際の費用は,当然,請求することができます。請求できるのは,主に次の費用です。

自動車やバイクの損害（物損）で支払われる補償

項　　目	内　　容
修理費	破損した部分を修理するための費用です。請求費用は,原則として,車両の時価が限度額となっています。
買替差額費	修理不可能な場合や,修理費が時価を上回る場合などに支払われます。車両の時価額に買替諸費用を含めた金額から,事故車両の下取り価格を差し引いた金額が買替差額費となります。
評価損（格落ち損）	修理によって機能面や見た目が悪くなり,車両の市場価値が下がった場合に請求することができます。
代車使用料	車両の修理中に代車を使用した場合,「仕事で必要だった」などの事情が認められれば,代車使用料が支払われます。
休車損害	タクシーやトラックなど,仕事で必要不可欠な車両を使えず,営業を休むことになった場合,営業利益が減少したとして損害を請求することができます。
登録手続関係費	買替時に必要となる自動車取得税などの税金,自動車検査登録手続費用などを請求することができます。
雑費	レッカー代など,廃車料などが認められる場合があります。
車両積載物	乗用車の中に積んでいたノートパソコンが,事故によって壊れてしまった場合などは,事故によって壊れたと認められれば,修理費用や価値相当額が支払われます。

ただし，塗装が必要になった場合，部分塗装で足りるのに，全塗装を行った場合などは，部分塗装分の費用しか支払われません。何でもかんでも補償が支払われるわけではありませんのでご注意くださいね。

被害者の方が亡くなった場合の示談金は？ +1

　交通事故によって大切なご家族が亡くなってしまわれた場合，示談金はご遺族に支払われることになります。この場合，支払われる示談金の項目は，この章でご説明したものとは異なり，つぎの項目が支払われることになります。

被害者が亡くなった場合に支払われる示談金の項目

項　　目	内　　容
葬儀関係費	通夜，祭壇，火葬，埋葬，墓石などで必要とした費用。
死亡による逸失利益	被害者の方が亡くならなければ，将来得ていたはずの収入に対する補償。
被害に遭われた方への慰謝料	被害者の方ご本人が受けたであろう精神的な苦痛に対する補償。
ご遺族（近親者）への慰謝料	ご遺族や近親者の方が交通事故によって受けた精神的な苦痛に対する補償。

　これらの補償にも，自賠責保険基準，任意保険基準，裁判所基準が存在します。葬儀関係費や，慰謝料の上限金額は，裁判所基準とその他の基準で大きな差があります。ご遺族の方が，今後，経済面で不安を抱えないためには，裁判所基準に則した適切な示談金を受け取ることが大切です。

COLUMN ④
交通事故の受刑者のみが収容される交通刑務所とは？

　重大な交通事故の加害者となり，実刑判決を受けた場合，刑務所に収容されることになりますが，交通事故の受刑者のみが収容される刑務所があることをご存知でしょうか？

　交通刑務所は千葉県市原市にあります。この市原刑務所は，交通事故で実刑判決を受けたすべての人が収容されるわけではありませんが，交通事故以外の犯罪以外の受刑者は収容されることはなく，二度と悲惨な交通事故を起こすことがないよう，更生の日々を過ごすための施設です。

　施設自体は他の刑務所と比較すると開放的で，受刑者の規則も緩和されています。テレビドラマなどでよく見る刑務所とはすこしイメージが異なります。更生のためのプログラムもしっかりと整っており，交通事故の被害者団体を招いての講習などが実施されています。また，施設内には，「つぐないの碑」という，慰霊碑があり，死亡事故の加害者をはじめ受刑者の多くが，亡くなられた方の冥福と自分自身の反省の思いから，この場所で手を合わせているとのことです。

　交通事故は，被害者にも加害者にもならないことに越したことはありません。しかし，運転をされる方は，どちらにもなってしまう可能性はゼロではありませんので，万が一の事態のため，加害者になってしまった後の対応や，その後の生活を，知っておいてください。

第4章 事故被害者をフルサポートする頼れる味方

～任意保険会社から提示された示談金の書面を見て～

> 休業損害がいくらで，入通院慰謝料がこれだけ，逸失利益は…。うーん，なんか少ない気がするけど，どのぐらい低額で，いくらなら適切なのか，判断が難しいなぁ。あー，わからない！　誰か助けてー（泣）。

　ダミーくんのそのお悩み，私たち弁護士にお任せください。
　交通事故の被害に遭われた方は弁護士のサポートを受けられることをご存知ですか？
　示談金の増額交渉などを弁護士に依頼することができるのです。そこでここからは，交通事故の被害における弁護士の役割についてお伝えしていきます。

1　弁護士に依頼するとどんなメリットがある？

📖 そもそも弁護士ってどのような職業？

> 弁護士に相談かぁ。でも，これまでの人生で弁護士に何かを相談することなんてなかったから，そう言われても，ピンとこないんだよな。そもそも，弁護士がどんな職業なのかすらよく分からないし。

「弁護士はテレビのニュースやドラマに出てくる存在で，接したことがない」，「弁護士・法律事務所に相談や依頼をしたことがない」。

　これまで弁護士と接する機会なんてなかったという方も多いと思います。そのため，ダミーくんと同じように，弁護士に相談することを躊躇してしまう方もいらっしゃるのではないでしょうか？

　すると当然，"交通事故の示談金＝弁護士"というイメージはなく，弁護士に依頼するとどのようなメリットがあるのか，想像がつかないことと思います。そこでまずは，弁護士という職業のご説明をすることから始めたいと思います。

　弁護士とは，法律トラブルが起こった際に，当事者の代理人となり，主張や弁護を行う職業です。

　裁判で弁護をしている姿を想像する方が多いかもしれませんが，弁護士の仕事はそれだけではありません。トラブルの相手方と交渉したり，書面の内容が法的に問題ないか確認したりするなど，その仕事は多岐に渡ります。借金，離婚，労働問題など日常生活で起こり得るさまざまなトラブルで力添えをすることができ，交通事故の被害者救済もそのひとつです。

　法律知識を駆使し，皆さまが安心して生活できるようにトラブルを解決していくことが私たちの仕事です。

💡 示談交渉を弁護士に任せる３つのメリット

　さて，ここからが本題。交通事故の被害に遭われた方が弁護士に依頼すると，どのようなメリットがあるのでしょうか。それを，この章でお伝えいたします。わかりやすいように，示談交渉における弁護士の強みと３つのメリットをまとめましたので，ご覧ください。

示談交渉を弁護士に依頼する3つのメリット

弁護士の強み	メリット
1．代理人となり，示談交渉ができる！	被害者の方が交渉せずにすみ，肉体的・精神的負担が大きく緩和される！
2．交渉能力が高い	弁護士は相手と交渉を行うことが仕事であり，任意保険会社の担当者に言いくるめられない！
3．交通事故に関する豊富な知識	示談金がどのぐらい低額か，適切な金額はいくらか判断できる！

では，この表の内容を順番に解説していきますね。

まずは，弁護士は被害者の方の代理人となって示談交渉ができること。

当たり前のことですが，これはとても大事です。ご自身で示談交渉を行うと多くの時間を取られます。示談金の計算は難しいですし，示談金を抑えたいと考えている任意保険会社と交渉もしなければなりません。さらに任意保険会社の中には，被害者の方に対して誠意のない発言を平気でする担当者もいます。このように煩わしい示談交渉を弁護士に任せることで心身の負担が大きく緩和されます。

なお，交通事故に関するサポートは，行政書士からも受けることができますが，行政書士は書類の代筆を行うことを専門とする職業のため，示談交渉を行うことは法的に認められていません。

つぎに，示談交渉の経験値です。

弁護士は，さまざまな法律トラブルで示談交渉や裁判を行うことが仕事であり，仕事をすればする程，交渉の経験値は積み重なっていきます。積み重ねてきたこの経験値を，その後のご依頼に生かすことで，一人ひとりが置かれている状況に合わせた的確な交渉をしていくことができます。交通事故においても，この交渉のスキルを活かして示談交渉を進めて行きますので，任意保険会社に言いくるめられる心配はありません。

そして3つめは，交通事故の示談金に関する知識。

これは，交通事故の示談交渉で多くの依頼を受けている弁護士が持っている強みです。

交通事故の示談交渉を経験し，解決していく中で知識が蓄積されていき，過去の裁判例なども熟知するようになってきます。その蓄積された知識を活かして依頼に対応しますので，「どの補償が低額か」，「適切な金額はいくらか」といったことを把握でき，低額だから交渉を継続する，十分な金額だから示談をするなど，最適な判断をすることができます。

そして，弁護士が交渉のスキルと交通事故に関する豊富な知識を活かし，適切な金額とその金額が適切である客観的な理由を的確に主張していくことで，示談金が増額となるケースが多くあるのです。

🔍 治療中に依頼をすれば，より多くのメリットがある！

弁護士に依頼するメリットは，示談交渉だけではありません。ケガの治療中から相談や依頼をすることで，よりたくさんのサポートを受けることができます。

ケガの治療中から弁護士に依頼することで，治療のこと，後遺障害のこと，示談金のことなどの見通しを早い段階で聞くことができ，示談金を受け取るまでの期間や今後，起こり得ることをあらかじめ把握することができます。さらに，症状固定となるまでに，弁護士に受けておくべき治療・検査のアドバイスをしてもらうことができ，このアドバイスは後遺症が残った場合に活きてきます。後遺症の症状に見合った後遺障害等級の認定を受けるためには，適切な治療や検査を受けていることがとても大切だからです。

その理由を，むち打ちの後遺障害を例に，詳しくご説明いたします。むち打ちの後遺障害等級には12級13号と14級9号が設けられています。後遺障害の存在が医学的に証明（他覚症状*）できていれば12級13号が認定されると

▶他覚症状
医師や他人が客観的に捉えることができる症状をさします。いっぽうで，患者自身が感じている痛みなどの症状のことを「自覚症状」といいます。

されていますが，この医学的証明には，MRI検査の画像や，神経学的検査の結果が必要になります。

弁護士は，交通事故に遭われた方のサポートを行ってきた経験から，症状ごとに必要な検査を把握しており，万が一，後遺症が残ってしまった場合に後遺障害等級の申請を行うことを想定し，アドバイスをすることができるのです。

もちろん，被害者請求で後遺障害等級の申請を行う際は，後遺障害診断書の作成にも弁護士が関わることができます。

後遺障害診断書を作成するのは病院の医師ですが，医師は診察や治療を行う専門家であり，後遺障害診断書を書く専門家ではないため，必ずしも後遺障害等級の申請に適した内容を記載できるとは限りません。

しかし，弁護士がいれば，「どのような等級が見込めるか」，「症状に見合った等級が認定されるためには後遺障害診断書にどのような記載があることが望ましいか」などを判断でき，その旨を医師に伝えて，症状にしたがった適切な後遺障害診断書を作成してもらうことができます。その後，弁護士が資料を揃え，万全の準備を行ったうえで，被害者請求で後遺障害等級の申請を行うことで，適切な後遺障害等級の認定を受けることができます。

認定された後遺障害等級によって逸失利益や後遺障害慰謝料の金額も変わりますので，結果として適切な示談金の獲得にも繋がってくるのです。

☛ 依頼する弁護士はどのように選べばいい？

なるほどね。そんなにたくさんのメリットがあるんだ！　知らなかったなぁ。でも，弁護士ってたくさんいるんでしょ。どこの誰に依頼すればいいのかなぁ？

相談や依頼をする弁護士を選ぶポイントで大事なのは，交通事故の示談交渉に精通しているか否かです。その理由は，弁護士は関わることができる分

野がとても広いことにあります。

　ひとりの弁護士がすべての分野に精通することはとても大変で、当然、交通事故の示談交渉が未経験で知識が少ない弁護士もいるでしょう。知識を持ち合わせていないと、先ほどお伝えしたような示談金の見極めや後遺障害診断書の作成、後遺障害等級の申請における適切なサポートができないおそれがあります。

　そのため、依頼する弁護士を探す際は、交通事故の示談交渉の経験や知識が豊富な弁護士に依頼するようにしましょう。

　インターネットの検索サイトで「交通事故　弁護士」と入力して検索をすれば、交通事故の被害者救済に取り組んでいる法律事務所のWebサイトがヒットしますし、弁護士や法律事務所を検索できるポータルサイトもあります。雑誌やフリーペーパーなどに、法律事務所に関する記事や広告が載っていたりもします。交通事故の示談交渉に精通した弁護士を探しやすい時代になってきています。

弁護士に依頼をするメリットのまとめ

治療中	・示談金を受け取るまでの見通しを聞くことができます。 ・示談交渉や後遺障害等級の申請を見据え、治療や検査に関するアドバイスを受けることができます。
後遺障害等級の認定申請	被害者請求による後遺障害等級の認定申請を任せることができます。
示談交渉	任意保険会社との示談金の増額交渉を任せることができます。

> 治療中から示談交渉まで一貫したサポートを受けることで、適切な示談金を受け取ることに繋がります！

② 弁護士費用の助け船

弁護士費用特約があれば，費用の心配ナシ！

でも，弁護士に依頼すると，きっと高い弁護士費用がかかるんでしょ。ボクは手術って聞いたときに費用のことで悩んだし，給料を公開しちゃっているからわかると思うけど，結構，生活はカツカツなんだよね。同じように『弁護士費用なんて用意できない』と思っている人はたくさんいるはずだよ。

　ダミーくん，皆さん，弁護士費用特約をご存知ですか？
　弁護士費用特約に加入していれば，費用を気にせず，弁護士に依頼できるんですよ。
　弁護士費用特約は，自動車保険や火災保険などにオプションとして設けられている制度です。自動車事故による賠償請求を行う際に，発生する弁護士費用を保険会社が負担してくれます。
　詳細は保険会社によって異なりますが，保険料は年間1,500円程度で，300万円以下の弁護士費用を負担してくれる場合が多いですね。交通事故の示談交渉を弁護士に依頼する際に，弁護士費用が300万円を超えることは，一部の死亡事故，重大な事故を除いて滅多にあるものではなく，費用がいっさいかからないケースが大半です。
　また，自動車の運転中だけでなく，歩行中，自転車・バイクなどの運転中に巻き込まれた事故であっても利用できる場合があります。気が付かずに加入していることもありますので，まずは一度，弁護士費用特約に加入しているか，確認をしてみてください。

自分だけでなく，ご家族の保険も確認しましょう！

 あーっ！　弁護士費用特約に入ってなかったよ。そういえば，保険を契約したときに聞かれた気もするけど，お金をケチっちゃって入らなかったんだ。しまったぁ。

ダミーくん，泣かないで。まだあきらめるには早いですよ。

弁護士費用特約が便利な点は，交通事故の当事者が加入している保険でなくても利用できることにあります。

同居の家族であれば6親等以内の血族，3親等以内の姻族（配偶者の血族）が利用可能です。6親等は，高祖父母（ひいひいおじいさん，ひいひいおばあさん）の祖父母にあたる方のことですから，同居している親族であれば，問題なく利用できるケースがほとんどです。

また，ひとり暮らしだったとしても，独身で両親のどちらかひとりが加入していれば利用することができることが多いです。

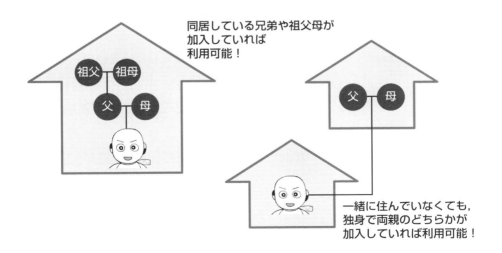

早速，お父さんに聞いてみよう！ （プルルル），もしもし，お父さん。弁護士費用特約って入ってる？

おー，入ってるぞ。えっ，そうなのか。オレの弁護士費用特約をダミーも利用できるのか。それは便利だなー。

よかったぁ！ これで弁護士費用は安心だ！ 篠田先生，ボクの示談金の交渉をよろしくお願いします。

「弁護士費用特約を使用することで何かデメリットがあるのでは？」とご質問をいただくこともありますが，そのようなことはいっさいありません。弁護士費用特約を利用しても，保険料が値上がりすることや，保険の等級が下がるといったことはありませんのでご安心ください。

また，弁護士費用特約がなく，弁護士費用を自分で支払わないといけない場合でも，完全成功報酬制を取り入れている法律事務所があります。完全成功報酬制なら，賠償金が確定した後に，そこから報酬が支払われることになりますので，事前に弁護士費用を用意しなくてすみます。

弁護士に依頼する際は，一度，報酬体系もチェックしてくださいね。

いよいよダミーくんの示談交渉がスタート。どのような示談交渉が行われ，ダミーくんの受け取る示談金は増額となるのでしょうか？

もしも，示談交渉で解決できず，裁判になったら？

示談交渉で，適切な金額で合意することが難しい場合に裁判を起こすことがあります。ほとんどの方が裁判を起こしたことなどないと思いますので，交通事故の被害で裁判を起こした場合の，裁判の流れについてご説明します。

裁判の流れ

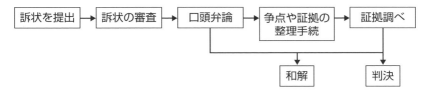

この中で，実際に主張を行うのは口頭弁論です。また，証拠調べの際は証人尋問や当事者訊問が行われ，その後判決が下されます。また，裁判の途中で双方が譲歩して合意に至る「和解」が行われるケース多いです，裁判で和解となった場合，相手方が和解の内容を守らない（約束通りの示談金を支払わないなど）があった場合は，強制執行をすることもできます。

気になる訴訟にかかる期間ですが，最低でも6ヵ月程度，複雑なケースの場合は，2年以上かかることもあります。

第5章 交通事故で抱く疑問に弁護士が回答！

～弁護士に依頼した示談交渉の経過を見守るダミー君～

篠田先生のおかげで，交通事故に遭ってから示談交渉までの流れや大切なことをたくさん知ることができたよ。でも，実はボク，気になっていたことがいろいろとあるんだ。篠田先生に質問していいかな？

　もちろん大丈夫ですよ。ダミーくんのケースでは起こらなかったけれど，交通事故の被害で起こり得ることや，ここまででご説明できなかったこともたくさんあります。示談交渉が終わるまでもうすこし時間がかかりますので，示談が成立するまでの間に，ダミーくんから交通事故に関する質問を聞き，ひとつずつお答えしていきますね。

Question1

じゃあまずは，事故に遭ったばかりの頃の疑問から聞いていくね。加害者の任意保険会社とやり取りするようになってすぐ，『個人情報の取得に関する同意書にサインをしてほしい』って求められたんだ。ボクは何も考えないでサインしてしまったけど，これって大丈夫だったかな？

Answer

同意書はやり取りを円滑にする書類。原則としてサインをして大丈夫！

事故発生後ほどなくして加害者の任意保険会社から同意書にサインを求められます。事故に遭ってまだ間もなく，混乱している状況のため，「同意書にサインして平気？」と思う方もいらっしゃるかもしれませんが，不安を抱かなくて大丈夫ですよ。

　この同意書は，任意保険会社の担当者が医師に治療の経過を尋ねたり，MRI検査の結果や診療報酬明細書を取り寄せたりする際に，本人から同意をもらっていることを示すための書類です。同意書にサインをすることで，任意保険会社が被害者の方に代わって書類を集めることが可能となり，被害者の方は必要な書類を自分で集める手間が省けます。

　いっぽう，同意書にサインをしなかった場合，任意保険会社が行う作業を自分で行わなければならず，負担が増えてしまいます。注意点を強いて挙げるなら，同意書にサインをすると，交通事故とは関係のない過去の病歴も任意保険会社が把握できることぐらいです。

　ですから，よほど特別な事情がない限りはサインをして問題ありません。

Question2

　次の質問！　病院に行く度に詳細が書かれた領収書みたいな紙をもらうよね。あれって必要なのかな？　結構な枚数が溜まるから，いらないなら捨ててもいいかな？

Answer

　捨ててはダメ！　示談金の請求で大事な書面です。

　捨てないでください。
　ダミーくんが言っている領収書みたいな紙とは，診療報酬明細書（レセプト）のことではありませんか？　診療報酬明細書には，診療の種類，内容，点数，通院日など，治療に関する詳細がまとめられています。これにより，

治療費の総額や治療日数を把握することができ，休業損害を算出する際に必要となる場合もあります。

示談金の請求をする上で大切な役割を果たす書類ですので，捨てずに保管してくださいね。

Question3

危ない危ない，大事な書類をポイッと捨てちゃうところだったよ（笑）。もうひとつ，通院に関わることを質問するね。普段は電車で通院していたんだけど，実は何度かタクシーで行ったことがあって…。タクシー代は請求できるのかな？

Answer

タクシー代が支払われるのは，必要性が認められた時に限られます。

病院への交通費は，原則として使った分だけ支払われます。

しかし，これはバスや電車などの公共交通機関を利用した場合や，乗用車のガソリン代の場合です。タクシー代などの交通費は利用の必要性が認められなければ支払われないケースが多いです。

必要性が認められる場合の例としては，「歩くことが困難なケガを負っていた」，「病院への交通の便が悪く，タクシーに乗らないと通えなかった」などが挙げられます。

ダミーくんの場合，ケガをしていたのは手首と首ですから，歩けないケガではありません。普段は電車で通院していたことから，交通の便も悪くありません。したがって，タクシー代は支払われない可能性が高いでしょう。

診療報酬明細書（見本）

Question4

そっかぁ，残念。つぎは治療中に気になったことなんだけど，治療中ってお医者さんといろいろな話をするよね。話す際に気をつけなければいけないことを教えてほしいな。

Answer

自覚症状をきちんと伝えることが大事！

　治療中の担当医とのやり取りで重要なのは，「どこが痛い」など，自覚症状をきちんと伝えることです。

　その理由は，後遺障害診断書など，医師の作成する書面に自覚症状が正確に書かれていないと，後遺障害等級の認定に影響する場合があるからです。

　自覚症状は，初診時から正確に伝えることを心掛けましょう。

　痛みが弱いケガがあった場合でも，「すぐ治りそうだし大丈夫かな」と，伝えることをためらってはダメですよ。症状を伝えないと，医師は診断書にその症状を記入できず，後から「実は前から痛みがあって…」と伝えても，その事実を証明することはとても難しいのです。

　そして，後遺症が残ってしまった場合も，医師に痛い部位や日常生活で不便なことなどを的確に伝えましょう。

　後遺障害等級の認定は，原則として書面で判断されます。そのため，後遺障害診断書には，漏れがないことがとても重要なのです。

　ここで，症状の伝え方の一例をご紹介します。

　むち打ちで後遺症が残った方は，雨の日や寒い日に普段よりも痛みが強くなるケースがあります。この際の症状の正確な伝え方は，「常に痛みがあり，特に雨の日や寒い日は痛みが強くなります」です。もし，「雨が降ると痛くなります」と伝えてしまうと，医師は普段は痛みがないと捉えて後遺障害診断書を作成してしまいます。この違いが，後遺障害等級の認定結果にも影響

を与えてしまうかもしれません。

症状を伝える際は，伝えることを遠慮したり，「大丈夫」と自分で判断したりせず，すべて医師に伝えるようにしましょうね。

Question5

病院の先生とのコミュニケーションも大事なんだね。次も治療に関すること。通院中はいろいろと検査を受けたんだけど，初めてMRI検査を受けたんだ。でも，MRIってどういう検査なのかな。レントゲン検査とはどう違うの？

Answer

MRIで椎間板や神経などの検査ができます。

MRIは，磁気によってケガをした箇所を撮影し，断層画像などの三次元画像を得ることができる検査です。日本名では「核磁気共鳴画像法」と呼ばれています。

MRI検査の特徴は，椎間板や靭帯の損傷，神経や血管の圧迫状況など，人間の柔らかい部位の検査に適していることです。レントゲン検査は，骨折などを検査するのに適していますが，椎間板や神経を十分に撮影することはできないため，これらの検査にはMRIが必要になってくるのです。

特に，むち打ちにおいては，MRI検査の結果が，後遺障害等級の認定にも大きな影響力を持っています。

**Question6**

つぎは,ボクも間違えそうになったことについて。後遺障害診断書は普通の診断書とどう違うの？

Answer

後遺障害診断書は,後遺障害の等級認定を申請する際に書く書類です。

初めての交通事故で後遺障害診断書と診断書の違いがよくわからないという方もいらっしゃると思います。2つはまったく別の書面です。

後遺障害診断書は,正式には,「自動車損害賠償責任保険（共済）後遺障害診断書」といいます。後遺障害等級の認定申請を行う際に必ず提出しなければならない書類です。通常の診断書は,病院ごとに書類の形式も異なり,診断書に病名や症状の詳細を記入する程度です。

いっぽうで後遺障害診断書は,決められた用紙があり,そこに自覚症状や他覚症状,検査結果をはじめ,後遺症に関するさまざまなことを医師が被害者の方に症状を確認した上で記入します。

なお,後遺障害診断書は,ほとんどのケガは同じ記入用紙を使用しますが,歯を失った場合など,歯科の後遺障害専用の記入用紙があります。

 **Question7**

なるほどね。そういえば，以前，弟が交通事故に遭った時の話なんだけど，事故の加害者がお見舞金を渡してきたんだって。結局，弟はお見舞金を受け取らなかったんだけど，受け取ったほうがよかったのかなぁ？

Answer

受け取って問題はありませんが，慰謝料の一部として扱われることがあります。

お見舞金を受け取ることに問題はありませんが，後で慰謝料の一部として計算されることがあります。お見舞金は，加害者が反省していることを示す証拠として，刑事裁判で用いられることがあります。ですから，悪質な交通事故や，加害者のいいかげんな対応に許せないお気持ちがある方は，お見舞金を受け取らないことも多いようです。

なお，「示談金の計算外でお支払させてください」と説明があった場合でも，被害者の方が受けた損害に対する賠償の一部として計算されるため，裁判所は，示談金の一部として計算することになります。

後遺障害診断書（見本）

自動車損害賠償責任保険後遺障害診断書

氏　名		男・女	■記入にあたってのお願い
生年月日	（　）年　月　日（　歳）		1. この用紙は、自動車損害賠償責任保険における後遺障害認定のためのものです。交通事故に起因した精神・身体障害とその程度について、できるだけ詳しく記入してください。 2. 歯牙障害については、歯科後遺障害診断書を使用して下さい。 3. 後遺障害の等級は記入しないで下さい。
住　所		職　業	

受傷日時	年　月　日	症状固定日	年　月　日
当　院 入院期間	自　年　月　日 至　年　月　日（　）日間	当　院 通院期間	自　年　月　日 至　年　月　日 実治療日数（　）日
傷病名		既存障害	今回事故以前の精神・身体障害：有・無 （部位・症状・程度）
自覚症状			

各部位の後遺障害の内容
各部位の障害について、該当項目や有・無に○印をつけ①の欄を用いて検査値等を記入してください

①精神・神経の障害他覚症状および検査結果	知覚・反射・筋力・筋萎縮など神経学的所見や知能テスト・心理テストなど精神機能検査の結果も記入してください。 X-P・CT・EEGなどについても具体的に記入してください。 眼・耳・四肢に機能障害がある場合もこの欄を利用して、原因となる他覚的所見を記入してください。
②胸腹部臓器・泌尿器・生殖器の障害	各臓器の機能低下の程度と具体的症状を記入して下さい。 生化学検査・血液学的検査などの成績はこの欄に簡記するか検査表を添付してください。

③眼球・眼瞼の障害	視　力		調節機能		視野	眼瞼の障害
	裸眼	矯正	近点距離・遠点距離	調節力	イ．半盲(1/4半盲を含む) ロ．視野狭窄 ハ．暗点 ニ．視野欠損 〔視野表を添付してください〕	イ．まぶたの欠損 ロ．まつげはげ ハ．開瞼・閉瞼障害
右			cm　　cm	（　）D		
左			cm　　cm	（　）D		
眼球運動	注視野障害 (全方向1/2以上の障害)	右 左	複視	イ．正面視 ロ．左右上下視	（図示してください）	

眼症状の原因となる前眼部・中間透光体・眼底などの他覚的所見を①の欄に記入してください。

④ 聴力と耳介の障害

オージオグラムを添付してください				耳介の欠損	⑤鼻の障害	⑦醜状障害(採皮痕を含む)
イ．感音性難聴(右・左) ロ．伝音性難聴(右・左) ハ．混合性難聴(右・左)		聴力表示 イ．聴力レベル ロ．聴力損失		イ．耳介の1/2 以上 ロ．耳介の1/2 未満	イ．鼻軟骨部の欠損 (右⑦欄に図示してください) ロ．鼻呼吸困難 ハ．嗅覚脱失 ニ．嗅覚減退	1.外ぼう イ.頭部 2.上肢 　　　　 ロ.顔面部 3.下肢 　　　　 ハ.頸部 4.その他
検査日		6分平均	最高明瞭度	右⑦欄に図示してください		
第1回	年月日	右　　dB 左　　dB	dB　　％ 　　dB　　％	耳　鳴	⑥そしゃく・言語の障害	
第2回	年月日	右　　dB 左　　dB	dB　　％ 　　dB　　％	聴力レベル30dB 以上の難聴を 伴う耳鳴を対 象とします	原因と程度(摂食可能な 食物、発音不能な語音な ど)を左面①欄に記入し てください	
第3回	年月日	右　　dB 左　　dB	dB　　％ 　　dB　　％	右　・　左		(図示してください)

⑧ 脊柱の障害

圧迫骨折・脱臼(椎弓切除・固定術を含む)の部位		運動障害	イ．頸椎部	ロ．胸腰椎部	荷重機能障害	常時コルセット装用の必要性	⑨体幹骨の変形	
X-Pを添付してください			前屈　度 右屈　度 右回旋	後屈　度 左屈　度 左回旋		有・無	イ．鎖骨　ニ．肩甲骨 ロ．胸骨　ホ．骨盤骨 ハ．肋骨	(裸体になってわかる程度) X-Pを添付してください

⑩ 上肢・下肢および手指・足指の障害

短縮	右下肢長　　cm 左下肢長　　cm	(部位と原因)	長管骨の変形	イ．仮関節(部位) ロ．変形癒合	X-Pを添付してください

欠損障害	上肢		下肢		手指		足指	
離断部位を図示してください	(右)	(左)	(右)	(左)	(右)	(左)	(右)	(左)

関節機能障害	関節名	運動の種類	他動		自動		関節名	運動の種類	他動		自動	
			右	左	右	左			右	左	右	左
健側患側とも記入してください日整会方式により自動他動および			度	度	度	度			度	度	度	度

障害内容の増悪・緩解の見通しなどについて記入してください

上記のとおり診断いたします。

診　断　日　　　年　月　日
診断書発行日　　年　月　日

所　在　地
名　　　称
診　療　科
医師氏名　　　　　　　　　印

後遺障害診断書（歯科用）（見本）

自動車損害賠償責任保険　後遺障害診断書（歯科用）

フリガナ		男・女	受傷日	年　月　日	
氏　名			治ゆ日	年　月　日	
生年月日	明治・大正・昭和・平成　年　月　日（　才）		通院期間	自　年　月　日 至　年　月　日	実治療日数 （　　日）
住　所			職　業		
傷病名					

事故前

① 今回の事故前に、喪失または歯冠部の大部分（歯冠部体積の4分の3以上）を欠損していた歯
（補綴済みの歯、C_4の状態の歯については右頁のⅡ－2参照）

```
 7 6 5 4 3 2 1 | 1 2 3 4 5 6 7
 7 6 5 4 3 2 1 | 1 2 3 4 5 6 7
```
　　　　　　　　　　　　　　　　　　該当歯　計　　　歯

事故後　補綴前

② 今回の事故により、喪失または歯冠部の大部分（歯冠部体積の4分の3以上）を欠損した歯
（乳歯の損傷については右頁のⅡ－4参照）

```
         E D C B A   A B C D E
 7 6 5 4 3 2 1 | 1 2 3 4 5 6 7
 7 6 5 4 3 2 1 | 1 2 3 4 5 6 7
         E D C B A   A B C D E
```
　　　　　　　　　　　　　　　　　　該当歯　計　　　歯

事故後　補綴後

③ 今回の事故による歯の治療の必要上、抜歯または歯冠部の大部分（歯冠部体積の4分の3以上）
を切除し、歯科補綴を施した歯　　　　　　　　　抜歯・切除の理由

```
 7 6 5 4 3 2 1 | 1 2 3 4 5 6 7
 7 6 5 4 3 2 1 | 1 2 3 4 5 6 7
```
　　　　　　　　　　　　　　　　　　該当歯　計　　　歯

備考	

上記のとおり診断いたします。

　所　在　地
　医療機関名

診　断　日　平成　年　月　日
診断書発効日　平成　年　月　日　　医師氏名　　　　　　印

第 5 章 交通事故で抱く疑問に弁護士が回答！

Question8

実は，治療していた頃に，『ケガで今の仕事を続けられなくなってしまい，会社を辞めることになったらどうしよう』って何度も想像して不安だったんだ。もし，本当に会社を退職していたらどうなるのかな？

Answer

ケガの程度と金銭の損失に応じて休業損害や逸失利益が支払われます。

ケガの影響で今までの仕事を続けられなくなってしまう，もしくは交通事故が原因で解雇されてしまうケースもあります。

症状固定より前に退職することになった場合，退職の原因が交通事故であると主張することで，退職後から症状固定までの期間の休業損害が認められる可能性があります。ただし，ケガの程度によっては交通事故だけが原因ではないとして，休業損害が減額されることもあります。

Question9

車が破損した場合の補償については教えてもらったけれど，身に付けていたものはどうなるんだろう？ ボク，交通事故に遭った日はダミミちゃんとの初デートだから，洋服もスニーカーも時計も一番いいやつでコーディネートしていたんだ。もし，服が破けたり，時計が壊れたりしたら，弁償してもらえたのかな？

Answer

請求するためには，写真などの証拠が必要です。

歩いている時や自転車に乗っている時，バイクを運転している時に交通事故に巻き込まれた場合，衣類や装飾品，携帯電話などが壊れたり破

けたりする可能性は十分に考えられます。

「交通事故で破損したのだから補償されて当然」と思われるかもしれませんが，補償を受けるためには，損害を証明する必要があります。破損した現物の写真を撮っておくことがもっとも有効な証拠です。また，領収書が証拠となる場合もありますので，お持ちの場合は，そのまま保管しておきましょう。

Question10

そうだ，許せないことがひとつあったんだ！　任意保険会社の人から，謝罪やケガを気にする言葉もなかった（怒）。みんなあんな対応なのかな？　加害者が加入している任意保険だから，ボクの味方でないのはわかるんだけど…。

Answer

誠意のない対応をする任意保険会社もあります。

ダミーくんと同じように，任意保険会社の誠意のない言葉や対応に，本来は必要のない心労まで感じてしまっている方もいらっしゃるのではないでしょうか。交通事故に関するご相談をお聞きしていると，「保険会社の対応がヒドい」，「交渉が煩わしい」など，示談金ではなく，任意保険会社の担当者と接すること自体が大きなストレスとなっているという声も多く聞きます。

このような対応をする任意保険会社があることは非常に残念です。しかし，仮にそのような誠意のない対応を受けたとしても，損害賠償の請求など，示談金以外の請求をすることはできません。

ましてや，「任意保険会社の担当者が働く会社へ行き，感情的なクレームを入れる」などを行うと，任意保険会社が弁護士に依頼し，その結果として，治療費や休業損害が早期に打ち切られてしまう可能性が高まってしまいかね

ません。

　任意保険会社と接することによるわずらわしさや精神的な苦痛から解放されるためにも，弁護士に依頼することがおすすめです。

　弁護士に依頼すれば，被害者の方が任意保険会社と直接やり取りをすることがなくなりますので，安心して治療に専念することができますよ。

Question11

　いろいろと補償を受け取ることができるのは分かったんだけど，これってすべてが解決するまで待たなきゃいけないのかな？　たとえば，経済的な余裕がない人は，すこしでも早く示談金を受け取りたいと思うんだけど，よい方法はあるのかな？

Answer

示談金の一部を先に受け取ることができる場合があります。

　治療，後遺障害の等級認定，示談交渉まで，すべてが終わるのを待っていると，示談金の受取りが交通事故から1年以上経っているケースも少なくありません。そのため，後遺障害に関連する補償以外で先に示談交渉を行ったり，示談に先立って，一部を前払いするように請求（内払請求と言います）したりできる場合があります。後遺障害に関連する補償以外で先に示談交渉を行う場合は，後々に逸失利益や後遺障害慰謝料をきちんと請求することができるよう，「後遺障害部分は別途協議して請求できる」といった文言を，示談する際の書面に記載しておいたほうがいいですね。

　示談金を受け取るまでに何年もかかってしまう方や，経済的な事情から内払請求を希望される方もいらっしゃいます。希望される場合は，依頼する弁護士にあらかじめ伝えるようにしましょう。

Question12

ボクは，今回，交通事故の示談金について知るまで，支払われるお金といえば，事故で被害者の方が亡くなった際に支払われる生命保険金しか知らなかった。そういえば，もし，事故で被害者の方が亡くなった場合，ご家族は生命保険金と示談金を両方とも受け取ることができるのかな？

Answer

示談金も生命保険金も受け取ることができます。

示談金は交通事故に遭ったことに対する損害賠償，生命保険金は，これまで生命保険会社に保険料を支払ってきたことに対する対価です。

示談金と生命保険金は，別々の目的で支払われているものですので，どちらも受け取ることができます。

また，生命保険金を受け取ったからといって，示談金が減額にはなりませんよ。

Question13

これが最後の質問！ 受け取った示談金って税金がかかるのかな？ボクは税のことはよく分からないから…。

Answer

原則として，示談金は税金がかかりません。

心配しなくて大丈夫ですよ。交通事故の被害で受け取った治療費や慰謝料などの示談金は税金がかかりません。また，被害者の方が亡くなり，ご遺族が示談金を受け取った場合も税金の対象外となっています。ただし，次の

ように一部例外もあります。たとえば，商品を配送中に交通事故に遭い，商品が破損したため弁償してもらった場合などは，収入として扱われ，課税の対象となります。ご遺族が示談金を受け取る場合に，法定相続分（民法で定められた相続の割合）と異なる分配をすると，贈与税がかかることもあります。

 不安や疑問は弁護士に聞いて解消しましょう！

 篠田先生，いろいろと勉強になったよ。ありがとう。交通事故に遭うと，疑問や不安がつぎつぎと出てくるから，気軽に聞くことができると助かるよね。

　交通事故の状況，被害に遭われた方の生活環境などは，一人ひとり異なります。今，お話をしたこと以外でも，さまざまな疑問や不安が生まれてくることでしょう。そのような際は，ぜひ，交通事故の被害に精通した弁護士に相談し，疑問や不安をひとつずつクリアしていきましょう。

第6章 示談成立 ダミーくんの示談金

～示談交渉の結果を伝えるため，ダミーくんに連絡～

篠田先生，ハイッ，示談交渉に進展があったんですね。ボクの示談金はどうなりましたか？

　ダミーくん，お待たせいたしました。任意保険会社と示談交渉を行い，示談金を増額することができました。どの賠償金がどのような理由でいくら増額されたのかご説明いたしますね。

　まず，ダミーくんのケースでは，治療費や休業損害については争点になりませんでした。

　そのいっぽうで，最大の争点になったのが逸失利益でした。

　ダミーくんは，症状固定後も収入が減ったりすることはありませんでしたので，当初，任意保険会社はダミーくんの逸失利益を認めない姿勢でした。しかし，実際は，給料やボーナスが減らないように，ダミーくんは今まで以上に努力して仕事に取り組んでいました。ダミーくんの仕事は体を使いますし，パソコンも扱います。パソコン入力時は，手首に負担がかかり，少なからず影響が出ていましたよね。

　示談交渉では，ダミーくんが努力をしているため，減給になっていないだけであり，手首の可動域が制限されていることや関節に痛みが残っている状態であると主張していきました。この主張により，任意保険会社は逸失利益の支

払に応じる姿勢をみせたものの，今度は，労働能力喪失期間の提示が5年間しかなく，逸失利益はまだ低額でした。そこで，「5年経てば完治するものではなく，認められるものではない」と労働能力喪失期間の交渉を続けました。

その結果，労働能力喪失期間が15年間と認められ，510万円以上の逸失利益を獲得することができました。

また，入通院慰謝料と後遺障害慰謝料に関しては，裁判所基準を認めるように主張したところ，それぞれ裁判所基準の9割にあたる金額が認められ，増額することができました。

このような交渉を何度か繰り返し，増額を求め続けた結果，最終的に任意保険会社から1,120万円以上の示談金が提示されました。

交通事故に遭われた方の年齢，性別，生活環境は一人ひとり異なります。交通事故に遭遇したシチュエーション，ケガの箇所や程度，示談交渉の争点なども同様です。そこで，106ページから，弁護士が依頼を受けた実例を，ダミーくんの家族をモデルにして，交通事故から示談成立までをご紹介いたします。

	保険会社の提示金額	増減	示談成立時の金額
示談金額	¥5,346,466	209％	¥11,217,124
治療費	¥1,122,181	増減なし	¥1,122,181
通院交通費	¥63,695	増減なし	¥63,695
入院雑費	¥20,900	136％	¥28,500
休業損害	¥395,850	増減なし	¥395,850
入通院慰謝料	¥1,486,900	122％	¥1,817,101
後遺障害慰謝料	¥2,240,000	116％	¥2,610,000
逸失利益	¥0	－	¥5,162,857
その他	¥16,940	増減なし	¥16,940

示談交渉の結果，¥5,870,658　増額!!

最初の提示額が530万円ぐらいでしたよね。580万円以上も増額になったんだね，ビックリ！　逸失利益を獲得できたのはうれしいな。篠田先生ありがとう。ボクはこれで示談に応じても問題ないよ。

　ダミーくん，かしこまりました。
　では，示談に応じる旨を任意保険会社に伝えますね。
　保険会社から示談書が送付されてきますので，それにサインをして返信したら，後日，示談金が振り込まれることになります。
　交通事故に遭ってから，辛い思い，不安が本当にたくさんあったと思います。ダミーくん，1年半以上に渡る長い日々，大変でしたね。

　うん，篠田先生にもたくさんサポートをしてもらったり，アドバイスをもらったりしながら，示談の日を迎えることができたよ。お世話になりました。

　ダミー，早くしないとレストランの予約時間に遅れちゃうよ。

　（後ろを振り返り）ごめんねダミミ，今すぐ行くよ。（再び前を向き）篠田先生，実は事故に遭ってから今日まで，いつもとなりでダミミが支えてくれてたんだ。それで，今までのお礼も兼ねて，今からデート。実は，そこでプロポーズしちゃおうかなぁ〜，なんて。

　もう，早く行こうよー。

第 6 章　示談成立　ダミーくんの示談金

　皆さん，ボクが交通事故に遭ってから今日の示談成立まで一緒に歩んできましたが，交通事故の示談金についてご理解いただけたでしょうか。後遺障害も残っていますし，正直，将来に対する不安がすべてなくなったわけではありません。それは交通事故に遭った方は，皆さん同じ想いだと思います。

　交通事故の事実，後遺障害を抱えることになった事実は無くせません。

　だからこそ，せめて，適切な補償を受け取るべきなんだなと，ボクは今回の経験を通じて学びました。すこしでも安心して今後を暮らしていくためにね。

　では，今日が自分の新しいスタートになるよう，頑張ってきます。篠田先生，皆さん，ありがとうございました！

事例1	ダミーくんのおばあさん	

高齢の主婦の休業損害が大幅に増額し，逸失利益が認められる

プロフィール

性別：女性	年齢：78歳	職業：主婦

事故の経緯
信号機のない横断歩道を横断中に，直進してきた乗用車に衝突されてしまいました。

診断名
左仙骨骨折・左恥坐骨骨折・左腓骨頭骨折・左足関節内果骨折

ケガの治療
約半年間，入院・通院による治療を行いましたが，症状固定後も左足の関節が以前のように動かせないという後遺症が残ってしまいました。

後遺障害等級の認定
左足関節の後遺症について，右足関節と比べて動かせる範囲が3/4以下に制限されてしまっているとして，後遺障害12級7号が認定されました。

示談交渉
提示された示談金は，逸失利益が認められておらず，休業損害も低額でした。そのため，逸失利益と休業損害について適切な金額を計算したうえで支払を強く求めた結果，逸失利益は210万円以上が認められ，休業損害は2.5倍以上に増額できました。

弁護士の見解
高齢の主婦の方は休業損害や逸失利益が認められない，もしくは非常に低額なケースが多いものです。しかし，適切な金額を計算し，治療中や今後の家事への影響の大きさを主張したことで適切な補償を獲得することができました。

	保険会社の提示金額	増減	示談成立時の金額
示談金額	**¥11,226,546**	**138％**	**¥15,513,232**
治療費	¥6,637,099	増減なし	¥6,637,099
通院交通費	¥51,964	増減なし	¥51,964
入院雑費	¥105,600	136％	¥144,000
休業損害	¥575,700	254％	¥1,465,296
入通院慰謝料	¥1,367,210	140％	¥1,916,667
後遺障害慰謝料	¥2,240,000	129％	¥2,900,000
逸失利益	¥0	－	¥2,135,163
その他	¥248,973	105％	¥263,043

示談交渉の結果，¥4,286,686　増額

第6章 示談成立 ダミーくんの示談金

事例2　ダミーくんのお父さん

検査を受け直して後遺障害等級の異議申立てをし，14級→12級に

プロフィール

| 性別：男性 | 年齢：53歳 | 職業：会社員 |

事故の経緯

横断歩道を自転車で走行中に，左折してきた乗用車と衝突してしまいました。

診断名

外傷性感音難聴・肩骨折・腰部打撲・頭部打撲

ケガの治療

1年半以上に渡って治療を続けました。しかし，症状固定後も頸部と腰部の痛みや耳鳴りの症状が残ってしまいました。

後遺障害等級の認定

頸部と腰部の痛みが，それぞれ後遺障害14級9号となり，併合14級が認定されましたが，耳鳴りは非該当という結果でした。そのため，病院で再検査を受け，症状の詳細を記載した書類も用意して異議申立を行ったところ，耳鳴りについて後遺障害12級相当が認められ，併合12級を獲得できました。

示談交渉

任意保険会社からの提示には，逸失利益と後遺障害慰謝料が含まれていませんでした。そこで，併合12級の認定結果を基に後遺障害に対する補償の支払を強く求め，その結果，360万円以上の逸失利益，270万円以上の後遺障害慰謝料が認められました。

弁護士の見解

異議申立てを行う際は，検査結果などの適切な資料を揃えて行うことが大切です。このケースでは，難聴を客観的に立証できる検査を受け，さらに症状を詳細に記した書類を用意したことが，異議申立てが成功したポイントになりました。

	保険会社の提示金額	増減	示談成立時の金額
示談金額	**¥11,987,033**	**156％**	**¥18,752,658**
治療費	¥3,616,103	100.2％	¥3,626,103
通院交通費	¥153,180	増減なし	¥153,180
休業損害	¥6,864,000	増減なし	¥6,864,000
入通院慰謝料	¥1,353,750	125％	¥1,698,667
後遺障害慰謝料	¥0	−	¥2,750,000
逸失利益	¥0	−	¥3,660,708

示談交渉の結果，¥6,765,625　増額

事例3	ダミーくんの弟		

過失割合が大きすぎることを主張し，30%から15%に修正

プロフィール
性別：男性	年齢：22歳	職業：会社員

事故の経緯
原付バイクで走行中，前を走行していた乗用車が突然左折をし，衝突してしまいました。

診断名
全身打撲・左鎖骨骨折・胸部骨折・顔面切傷・顔面擦傷

ケガの治療
10日間入院した後，約8ヵ月間の治療を行いましたが，鎖骨に，骨折による変形が残ってしまいました。

後遺障害等級の認定
鎖骨の変形障害について後遺障害の等級認定申請を行ったところ，12級5号が認定されました。

示談交渉
任意保険会社は過失割合30%を主張してきましたが，刑事記録や過去の判例を基に反論した結果，過失割合は15%に修正されました。その後，具体的な金額の交渉を行い，逸失利益が約3倍，後遺障害慰謝料が2.9倍に増額となるなど，示談金を2.1倍以上に増額できました。

弁護士の見解
被害者の方にも一定の過失割合がつくケースが多くありますが，その割合が適切とは限りません。刑事記録や判例から適切な過失を判断して主張したことで，過失割合の修正に成功し，示談金の受取額の増額にも繋がりました。

	保険会社の提示金額	増減	示談成立時の金額
示談金額	**¥5,140,877**	**211%**	**¥10,893,050**
治療費	¥275,438	100.6%	¥277,148
通院交通費	¥17,130	増減なし	¥17,130
入院雑費	¥11,000	736%	¥81,000
休業損害	¥1,500,800	109%	¥1,648,000
入通院慰謝料	¥927,300	188%	¥1,749,837
後遺障害慰謝料	¥1,000,000	290%	¥2,900,000
逸失利益	¥1,404,484	299%	¥4,200,000
その他	¥4,725	421%	¥19,935

示談交渉の結果，¥5,752,173 増額

事例4　ダミーくんの妹

高校生の外貌醜状で逸失利益を取得

プロフィール

| 性別：女性 | 年齢：17歳 | 職業：高校生 |

事故の経緯
横断歩道を自転車で走行中に，交差点を右折してきた乗用車と衝突する事故に遭ってしまいました。

診断名
全身打撲・右腕骨折・顔面挫傷

ケガの治療
約1年間の通院を続け，症状固定を迎えましたが，眉の間から右目にかけて5cm以上の傷跡が残ってしまいました。

後遺障害等級の認定
顔の傷跡について後遺障害の等級認定申請を行ったところ，外貌醜状であると認められて9級16号が認定されました。

示談交渉
提示された示談金には，逸失利益が認められていませんでした。しかし，高校生の顔に傷跡が残っており，「将来の職業選択に与える影響は大きい」と主張した結果，約820万円の逸失利益を獲得し，示談金を約2.3倍に増額することができました。

弁護士の見解
学生の方が事故に遭った場合や，顔に傷跡が残った場合，逸失利益が認められないケースが多々あります。しかし，将来の職業選択が制限されてしまうため，逸失利益は支払われるべきです。逸失利益が認められた過去の裁判例を根拠に示談交渉を行ったことで逸失利益を獲得し，示談金を大幅に増額することができました。

	保険会社の提示金額	増減	示談成立時の金額
示談金額	**¥7,152,733**	**229％**	**¥16,419,108**
治療費	¥330,157	増減なし	¥330,157
通院交通費	¥214,640	増減なし	¥214,640
入通院慰謝料	¥436,800	265％	¥1,160,000
後遺障害慰謝料	¥6,160,000	105％	¥6,500,000
逸失利益	¥0	－	¥8,192,675
その他	¥11,136	194％	¥21,636

示談交渉の結果，¥9,266,375　増額

おわりに

「誰が読んでもわかりやすい，交通事故被害の書籍を作りたい」

本書籍の製作はこの想いからスタートしました。交通事故の被害では，一般の方にとって聞きなれない医学用語や法的な説明が必ず絡んできます。わかりやすい説明をどれだけ心掛けても，初めて聞く言葉が多いと，相手にとっては難解に感じられてしまうものです。

そこで本書籍では，交通事故の被害に遭った際の基礎知識を，専門用語の使用を最小限に留めてわかりやすくご説明いたしました。そして何より，実際の交通事故の事例を基に話を進め，同じ境遇にある事故被害者の方々にご理解いただきやすい内容とすることを意識しました。ダミー人形を主人公にしたのも，できるだけ人間に近いキャラクターを立てることでわかりやすくご説明できると考えたからでした。

交通事故は，被害者の方やそのご家族の生活を一変させてしまいます。ケガの痛みだけでなく，さまざまな辛い思いをされている方が大勢いらっしゃいます。私たち弁護士は，交通事故の被害に遭われた方とそのご家族の将来に対する不安を和らげることが使命だと思っています。そして，そのためにできることが適切な示談金を受け取っていただくためのフルサポートです。

本書籍を通じてひとりでも多くの方が，交通事故に遭った際の正しい対応を知り，適切な示談金を受け取るきっかけとして下さることを願っています。

弁護士法人アディーレ法律事務所
弁護士　篠田恵里香

<プロフィール>

編者

篠田　恵里香

弁護士法人アディーレ法律事務所　パートナー弁護士（東京弁護士会所属）。
1976年千葉県生まれ。学習院大学を卒業後，都内の外資系ホテルに勤務し，サービス業の精神を徹底的に学ぶ。同大学法科大学院を卒業後，2007年新司法試験に合格。交通事故の被害をはじめ，日常生活で起こり得る法律トラブルに精通し，書籍の出版や講演などを通じて啓蒙活動にも取り組む。『ゴゴスマ －GO GO！Smile！－』（CBC／TBS／TBC），『ロンドンブーツ1号2号田村淳のNewsCLUB』（文化放送）ほか，多数のメディアに出演中。

著者

弁護士法人アディーレ法律事務所

2004年10月創立，代表弁護士石丸幸人（東京弁護士会所属）。
アディーレとはラテン語で"身近な"の意味を持ち，「弁護士をより身近な存在に」という理念の下，交通事故の被害，債務整理・離婚問題・刑事事件・労働トラブル・B型肝炎の給付金請求・企業法務などの法律トラブルの相談に対応。相談実績は35万人以上，弁護士150名以上を含む総勢900名以上が在籍し，弁護士法人として国内最多の全国76拠点を構える日本最大のネットワークを持つ法律事務所（実績はすべて2016年7月時点）。

イラスト　下澤　以知子

ストーリーから学ぶ
交通事故の示談金を受け取るまで

2016年8月10日　第1版第1刷発行

編者	篠田　恵里香
著者	弁護士法人アディーレ法律事務所
発行者	山本　継
発行所	㈱中央経済社
発売元	㈱中央経済グループパブリッシング

〒101-0051　東京都千代田区神田神保町1-31-2
電話　03(3293)3371(編集代表)
　　　03(3293)3381(営業代表)
http://www.chuokeizai.co.jp/
印刷／三英印刷㈱
製本／㈱関川製本所

©2016
Printed in Japan

＊頁の「欠落」や「順序違い」などがありましたらお取り替えいたしますので発売元までご送付ください。(送料小社負担)

ISBN978-4-502-19031-5　C3032

JCOPY〈出版者著作権管理機構委託出版物〉本書を無断で複写複製(コピー)することは，著作権法上の例外を除き，禁じられています。本書をコピーされる場合は事前に出版者著作権管理機構(JCOPY)の許諾を受けてください。
JCOPY〈http://www.jcopy.or.jp　eメール：info@jcopy.or.jp　電話：03-3513-6969〉

●おすすめします●

顧問税理士も知っておきたい
相続手続・書類収集の実務マニュアル

佐久間 裕幸　著

税理士が相続税案件で苦労するのが、手続の煩雑さと提出書類の多さ。スムーズに相続を終えるために、顧客にアドバイスすべき各種手続の方法と書類収集のノウハウが満載。

図解・表解
相続税申告書の記載チェックポイント
〈第2版〉

天池 健治・五関 幸子　著

平成27年1月施行の相続税改正に対応し、相続税申告書の記載手順・各表間のつながりを図表化し解説。各種届出書、所得税・消費税の準確定申告、修正申告・更正請求も網羅。

税務調査官の着眼力Ⅱ
間違いだらけの相続税対策

秋山 清成　著

相続税に携わって41年の元調査官が明かす数々の意外な真実。実は争続の火種だった遺言書、結構多い無駄な節税策、最高の対策は110万円贈与など、読んだら納得の内容。